フィールド科学の入口

食の文化を探る

石毛直道・赤坂憲雄 編

玉川大学出版部

食の文化を探る

目次

Ⅰ部●対談

料理と共食、食卓というフィールドで

石毛直道×赤坂憲雄

食文化なんて考えてもいなかった一九七〇年代初頭

赤坂　今日はよろしくお願いします。ずっと楽しみにしておりました。このシリーズはフィールドワークをテーマにして、たとえば野本寛一先生のとき（既刊『暮らしの伝承知を探る』）には「最初のフィールドワークはどうでしたか」という問いから始めました。そこから学問が立ちあがってくる姿を若い人たちに知ってほしい、フィールドのおもしろさを知ってほしいということがいちばんのテーマです。

石毛先生の場合には、フィールドのお話を聞かせていただくと、きっと読者はワクワクすると思います。フィールドの匂いを感じられるような内容にと思っております。この『食生活を探検する』という本は若いころですよね。全然古びていない、というか新しい、いま読んでも時間を感じさせない。この本とか『食卓の文化誌』といった、著書を書かれたのは一九七〇年代ですかね。

石毛　『食生活を探検する』は一九六九年に出版しました。変なことをいいますと、わたしはけっこう酒飲みでして、まだ食文化なんて考えてもいなかったときです。

赤坂　ではそこから話をすすめてください。

石毛　結婚することになって、それで京都のいちばん安いような飲み屋にずっとツケが溜まっていて、なんとかしなきゃならないと思い、それまで単行本を書いたことも全然な

『食生活を探検する』
文藝春秋、一九六九年

最初の著書。

『食卓の文化誌』
文藝春秋、一九七六年

かったけど、金を稼ぐには本を書かなきゃと思って、しかも借金返しのためだから、売れる本じゃないといけない。自分に売れる本のテーマは何があるか。まだ食文化なんて研究してなかったですが、食いしん坊で、文化人類学のフィールド調査で世界あちこちに行ってたから、それを題材にしたのです。

赤坂　これは初めての本なのですね。

石毛　ええ、そうです。この本がよく売れたんで、やっぱり研究者の端くれとして、食文化を仕事にしなきゃならないなと思った。

赤坂　それはおいくつぐらいのときですか？

石毛　これはわたしが三〇から三一歳のときでしょうか。

赤坂　ほんとうに若いときですね。石毛先生の世界は、ひとつは京都、あるいは京大が背景にありそうだなと感じます。東京大学とか東京の人たちとは、こういう食文化に関する話題であんまり盛りあがるってことがないですからね。ところがぼくの友人でも京大の連中というのは食に対する飽くなき好奇心がまちがいなくあって、みんな評論家のように食について語ります。

石毛　わたしはいわゆる今西学派といわれる**今西錦司**《いまにしきんじ》さんとそのグループ、**梅棹忠夫**《うめさおただお》とか、川喜田二郎《かわきたじろう》、中尾佐助《なかおさすけ》といった人びとと学生のころから親しくさせていただいて。どうしてそんなことになったかというと……、ちょっと自分のことを長くしゃべっていいですか？

赤坂　もちろん先生のお話を聞く対談で、ぼくは聞き手ですから。

今西錦司
一九〇二―九二。日本の生態学者、文化人類学者、登山家。京都大学名誉教授。登山家としては、国内で多くの初登頂をなし、京都大学白頭山遠征隊の隊長などを務めた。生態学者としては日本アルプスにおける森林帯の垂直分布、渓流の水生昆虫の生態の研究が有名。日本の霊長類研究の創始者としてよく知られ、京都大学理学部と人文科学研究所でニホンザル、チンパンジーなどの研究をすすめ、日本の霊長類学の礎を築いた。

梅棹忠夫
一九二〇―二〇一〇。日本の生態学者、民族学者、人類学者。国立民族学博物館の初代館長。日本の文化人類学のパイオニア。今西錦司門下のひとりで生態学から出発し、動物社会学を経て民族学（文化人類学）、比較文明論に研究を移した。

海外への憧れから探検部へ入る

石毛　わたしは少年時代、千葉県の野田市に住んでいました。野田市のある千葉県北部は、縄文時代の貝塚がたくさんある地域です。

中学生になったばかりのころ、近くの畑を歩いていて土器のかけらを拾ったところ、それが縄文土器でした。それ以来、休みのときは貝塚まわりをしては、土器の採集をするようになりました。

そのころ、わたしの家から五〇メートルもしない近所に、当時國學院大學の学生であった下津谷達男さんの家がありました。下津谷さんは、のちに國學院大學教授になった考古学者です。採集した土器片を下津谷さんに見てもらっては、考古学を教えてもらったり、考古学の本を借りて読んだりしました。わたしが、この地方で最初の弥生時代の住居遺跡を発見し、それを國學院大學の考古学教室が発掘調査をしたこともありました。また、下津谷さんを通じて、有名な考古学者と会ったりすることもある考古学少年になったのです。

東京の下町の上野高校に入り、大学に進学したら考古学をやろうと思っていたところ、考古学関係の人びとに「京都大学に行け」といわれた。京都大学は日本で最初に考古学の学科をつくったところで、日本の考古学をリードしていた。それで京都大学に行こうと思った。

それからもうひとつ、当時、考古学関係でスヴェン・ヘディンなど海外の学者の中央アジアのシルクロード探検記の翻訳本を読んで影響を受けました。そのころは渡航の自由

川喜田二郎
一九二〇―二〇〇九。日本の地理学者、文化人類学者。中学生のころより、先輩の今西錦司と山歩きに没頭。京都帝大時代は山岳部に入部し、今西錦司、梅棹忠夫らとともに探検隊を結成し、カロリン諸島や大興安嶺《だいこうあんれい》山脈を探検。その後、ネパールをおもな研究フィールドとした。豊富な野外調査の経験をもとに、データをまとめるために考案したＫＪ法で知られる。

中尾佐助
一九一六―一九九三。日本の植物学者。ヒマラヤ山麓から中国西南部を経て西日本にいたる「照葉樹林帯」における文化的共通性に着目した「照葉樹林文化論」で知られる。また地域の植生から農耕加工調理と社会文化までをひとまとまりにとらえる「農耕文化基本複合」の概念を提唱した。おもな著書に『栽培植物と農耕の

化以前で、海外に行くということは考えられなかったんですね。海外に行くには渡航審議会を通さないとパスポートも出ないし、次に外貨審議会に通さないと外貨がおりない。それでも海外への憧れがあり商船大学を受けようと思ったこともある。結局、商船大学は受けず、数学ができなかったので京都大学には二年浪人してようやく入った。

大学へ行ったら探検部があり、これは本多《ほんだ》勝一《かついち》さんたちがつくった学生クラブです。わたしが探検部に入ったのは、本多さんがもう大学を出ちゃったあとでした。二年生のときに探検部の遠征隊に参加してトンガ王国へ行きました（写真1）。

写真1　1960年京都大学探検部トンガ王国調査隊に参加したのが、最初の海外でのフィールドワーク。日本からトンガに行く韓国の貨物船上での写真（写真提供：国立民族学博物館）

大学院へ入ってからは、今度はわたしが計画して、一九六三―六四年にニューギニア高地に行った。ここはまだ外部の人びとがほとんど入ったことのない未探検地域でした。わたしがインドネシアとの交渉をやって実現したわけです。

トンガでは貝塚を見つけて発掘しようと思った。トンガは小さい島々で、島のまわりには珊瑚礁があり、珊瑚礁の内海はたいへん浅いから外海に船で漕ぎだして魚を捕るのが男の仕事、内海で貝を拾うのが女の仕事です。毎食のように貝を食べて家の外に貝殻を捨てると現代の貝塚

起源』（岩波新書）、『秘境ブータン』（毎日新聞社）、『料理の起源』（日本放送出版協会）などがある。

スヴェン・ヘディン
一八六五－一九五二。スウェーデンの地理学者で中央アジア探検家として知られる。一九〇〇年に古代都市・楼蘭の遺跡と、その東にあるロプノールという干上がった湖床を発見し、「さまよえる湖」説を提唱して湖の位置が動いていることを推測した。

探検部
一九五六年、日本で初めて誕生した学生団体の探検部。世界の僻地でのフィールドワークで活躍する数多くの人材を生んだ。

本多勝一
一九三二－。新聞記者、ジャーナリスト。京都大学では山岳部に所属し、のち探検部の創設に関わった。探

ができてくる、考古学的遺跡としての貝塚は発見できなかったが、現代の貝塚に興味をもちました。ニューギニアの高地の探検では本多さんも参加して、一緒に高地のジャングルを何日もキャラバンしました。ようやく奥地の集落に入って滞在し、わたしはそこの人びとの道具などを調べていたが、考古学の遺跡よりも、いま生きている人のほうがおもしろくなった。それがきっかけで文化人類学のほうへ転向したのです。

そのころ梅棹忠夫さんのところによく出入りしていたのも文化人類学に興味をもつようになったきっかけです。探検部の学生は、今西グループの人びとのところへはいくらでも出入りできたのです。家まで押しかけて。そのころは、まだ教授と学生の距離が近かった。梅棹さんのところは**梅棹サロン**といって、金曜日にだれでも来たらいいと。わたしはそこの常連になっていました。梅棹さんがアフリカの調査を通じて文化人類学科をなんとか京都にもつくりたいというので**近衛《このえ》ロンド**という人類学研究会を立ちあげたんです。正式の名前は京都人類学研究会。それができて雑誌『**季刊民族学**』という雑誌を出すことになり、わたしがその編集の仕事をするようになりました。

梅棹さんが今西錦司さんの後任として京都大学人文科学研究所に移り、すると助手がいるからという話になりました。人文の助手というのは全国に公募して試験するんです。梅棹さんに「それを受けないか」といわれて、受験したら受かって、大学院を中退して人文科学研究所の助手になった。そのあとは民族学博物館をつくるという計画が梅棹さん中心ですすみ、一緒に**国立民族学博物館**創設の仕事をやりました。民族学博物館（民博）ができたらそこへ移って、そのままずっといたと。そういった経歴です。

赤坂　石毛先生の本を読ませていただいて、とくに『食生活を探検する』は若いころのフ

検部時代にヒンズークシ探検隊に加わり、その体験をまとめて、一九五八年『知られざるヒマラヤ 奥ヒンズークシ探検記』を刊行。記者時代には現地住民と生活をともにし取材した人類学系の探検三部作『極限の民族』（カナダ・エスキモー、ニューギニア高地人、アラビア遊牧民）で高い評価を得た。

梅棹サロン
梅棹邸には一九五〇年代なかば過ぎから学生を中心に、学者、ジャーナリスト、作家といった多彩な人びとが集うようになり、この家での集いを「梅棹サロン」と呼ぶようになった。やがて「梅棹サロン」が発展したかたちで、京都人類学研究会が生まれ、京都大学で文化人類学を研究する人材のゆりかごとなった。

近衛ロンド
京都人類学研究会の通称。

ィールド体験がいろんなかたちで描かれていて、そこに登場する本多さんをはじめとして、ほんとうにたくさんの「ある時代の知とか学問をフィールドからつくった人たち」の名前がくり返し出てきて、なんだか幸福な時代があったんだなとうらやましい気持ちがしますね。つまり探検部というのもキーワードだと思いますけれども、やっぱり日本の学問のなかにはそれまで多分なかった、きわめて野性的な人たち、フィールドに体で突っこんでいくような人たちの何か息吹というか、その雰囲気というのがすごく幸せそうな、幸福そうな、楽しい感じがする。

石毛　わたしは幸せだったと思います。偉い先輩たちと学生のころからつきあうことができたのですから。

赤坂　梅棹サロンですか、そういう場というのも若い人たちにとってはものすごく刺激に満ちた場だったと思いますけれども、いまの東京を見回してもない、そういうのは。

石毛　なんていうか、探検の伝統みたいななかに入りこんで、本を読むだけの学問ではなく、フィールドで経験する実証主義、それもただフィールドで出会ったことだけを記録するのではなくて、そういったものを総合して自分の考えをつくれ、といった雰囲気のなかでわたしは育ったようなところがあります。

赤坂　探検部の話が『食生活を探検する』にも出てきたと思いますけれども、探検部が文化祭のようなところでお店を出した。あの話がとてもおもしろいです。こんなことができたのかと。いまでも続いてるわけですか。なんていいましたっけ？

石毛　魚骨亭です。だけど、いまやってるかは知りません。いまはもうないかな。近ごろ学園祭に行ったことがないので。

創設は一九六五年。梅棹忠夫を中心に開かれていた人類学の研究会。京大近くの近衛通にちなんで近衛ロンドという通称が生まれた。ロンドというのはエスペラント語で「集まり」の意。

『季刊民族学』
京都人類学研究会が一九七〇―八九年にかけて年四冊刊行した。社会人類学・文化人類学・自然人類学・民俗学・民族学をふくめた総合的人類学の学術雑誌。

国立民族学博物館
一九七七年創設。大阪府吹田市の万博公園内に位置し、民族学・人類学に関する国内最大規模の博物館。

ドブロクと魚骨亭と探検部

赤坂　そのお話をしてください。メニューがたくさん並んでいて、そのひとつひとつのメニューが楽しそうですね。ヘビを捕ってくるとか。無茶苦茶だと思いますが。

石毛　京都大学の学園祭にはいろんな学生クラブがイベントを開催し、模擬店を出すクラブもあります。探検部は一九五九年以来、魚骨亭という店を出店しています。

一九五九年に京都大学の学生団体の記念祭がおこなわれることになり、探検部にも何か催し物をするようにとの要請があった。そのとき、探検部は活動資金稼ぎのために飲食を供する露店を出そうということになったのが魚骨亭の始まりです。元手をかけずに儲けようというので、この店では野生動植物を使った飲食物も売ることにしたのです。

そのころ、探検部員のあいだでは野草や昆虫を食べることが流行っていました。野生の動植物から食用可能なものを識別して利用することは、食料品に不自由な僻地での探検を志す者の教養のひとつであるとされていたのです。当時の探検部の機関誌『探検』には、本多勝一らが「野生動植物の食べ方」という文章を掲載しています。

魚骨亭のメニューには、屠畜場から安く買ってきた牛の腸を使ったホルモン焼きなどのほかに、探検部員たちが京都の北山で採集した材料を用いた、ザリガニのフライ、カエルのつけ焼き、タニシ・ドブ貝の煮つけ、オカウナギのカバヤキ、松葉ビールなどが並んでいます。

オカウナギのカバヤキとは、シマヘビ、ヤマカガシなどのヘビを蒲焼きにしたものです。

松葉ビールとは、部員のだれかが、シベリアの原住民は松葉からビール状の飲み物をつくるという記事を読んで考案した飲み物です。ぬるま湯に松葉を大量にほうりこんで、一日おいたらできあがり。薄緑色をした液体で泡立ちはあまりよくないが、少し渋みと松脂の香りがする。これに少量の砂糖と、研究室からくすねてきた実験用のエチルアルコールを加えたのが松葉ビールです。

赤坂　奇妙なモノばかり出てきますね。

石毛　当時、大学の近くに密造のドブロクをつくり、立ち飲みさせるほか、量り売りする店がありました。たいへん安い店なので、貧乏学生のわたしは下宿で酒盛りをするときなどには、バケツをぶらさげて買いにいったものです。

先輩の小松左京さんは、この店でたらふくドブロクを飲んだあと、立ち小便をしたら小便が蛍光を発したといっていました。ドブロクづくりのとき、ネコイラズを少量入れると発酵がはやまるそうです。ネコイラズにふくまれる燐が小便を光らせたのです。

魚骨亭という名前はわたしがつけましたと思いますが、いずれにしろ魚を食べつくして、頭と尾と骨だけが残っている図柄が魚骨亭の看板です。提供した料理を、すべて食べつくしてもらいたいとの願いをこめて、わたしが作成した意匠です。わたしは、自分でこのデザインの絵看板をつくったり、ろうけつ染めで旗を染めたりしました。

いつの間にか、この魚骨の図柄が探検部のロゴマークとされるようになりました。

赤坂　そのころは京大探検部では、どういう探検をしていたんですか?

石毛　たとえば先輩の本多勝一さんたちは西カラコルム・東ヒンズークシ探検隊、イラン学術調査隊、スワート・ヒマラヤ探検隊を企画・実行していました。当時、学生たちが

小松左京
一九三一－二〇一一。本名・小松実《みのる》。星新一・筒井康隆とともに「御三家」と呼ばれる日本を代表するSF作家。一九七〇年の日本万国博覧会でテーマ館サブ・プロデューサー、一九九〇年の国際花と緑の博覧会では総合プロデューサーを務め、国際イベントを成功に導いた。一九七三年に刊行した『日本沈没』は社会現象になるほどの爆発的ベストセラーとなり、日本にSFブームを巻きおこした。

西カラコルム・東ヒンズークシ探検隊
一九五五年、京都大学によ

海外に行くといったって、渡航審議会だとか外貨審議会で許可されるはずがないので学術調査という名目で。探検部の顧問の先生を隊長にしたわけです。その先生が調査に行くのでアシスタントとして学生が同行する格好をとったわけです。

赤坂　海外に出るまえに、国内の島とかは行かれましたか？

石毛　わたしは太平洋をはじめから目指していて、まず島を経験しなきゃいかんということになり、それでトカラ列島の宝島（鹿児島県）へ。探検部の連中が一緒に行って、続いてトンガ王国へ行き、そのあとニューギニアにつながった。お金がないわけですから、あちこち寄付を集めてまわることになり、それがマスコミ・新聞社に後援してもらい、かわりに記事を書く、そういったことをしました。ですからけっこう若いころに財界の人びとのところへ学生が押しかけていって趣旨説明しました。そんな経験をしました。

赤坂　そういう時代があったのですね。

石毛　わたしは考古学を出たから、物質文化はすぐスケッチをしたり、写真を撮ったり、そういったことで人類学を志した。はじめは物質文化の研究。フィールドで図を描いたりすることは、考古学でやった経験が物質文化で生かされ、地図もないところに行くから調査した地域の概念的な地図をつくる。考古学をやっていたから、発掘で平板《へいばん》測量などをおこない地図づくりをする。そういった若いころのフィールド調査がたいへん役に立った。

トンガや西イリアンもそうですが、人類学の研究者としてわたしが本格的な長期のフィールドワークをやったところは、一九六六年から六七年の東アフリカです。

京都大学のアフリカ研究は、霊長類の今西さんから引き継いだ**伊谷純一郎**さんのグルー

る戦後初の海外学術探検隊。木原均を総隊長とする探検隊が、カラコラム・ヒンズークシ各地域の地質・植物・動物・文化を調査した。翌五六年には、パキスタンのパンジャブ大学との合同学生探検隊が組織され、五七年にはさらに地域を広げ、五五年から五七年にかけて調査地域は統合された。
京都大学研究資源アーカイブ「動きつづける大陸　藤田和夫のカラコラム・ヒンズークシ探検」http://exhibit.rra.museum.kyoto-u.ac.jp/karakoram/story/ebook/fieldstory/index.html#0

京都大学のアフリカ研究　一九六一年、今西錦司らによるアフリカの類人猿の調査に始まり、その後、東アフリカを中心に霊長類学と民族学の現地調査が継続され、京都大学が日本におけるアフリカ研究の中心とさ

プに人類班というのができて、梅棹忠夫さん、富川盛道《とかわもりみち》さん、和崎洋一《わざきよういち》さんがマンゴーラというタンザニアの奥地の村に調査に行った。そこへ石毛も人文科学研究所の助手になったことだし、アフリカでの調査をさせにゃなということで、ひとりで村に何か月も住み、そこでわたしは本格的なフィールドワークをやった。

そのフィールドワークは、村といっても奥地の村ですから、もちろん電灯はないし、電気もきてない、舗装の道路もない。村といっても大きさでいったら日本の神奈川県と同じぐらいの面積。そこには、ハッザ（ハツァピ）族という弓矢で獲物を捕りあちこち移動する狩猟採集民がおり、ダトーガという牛の牧畜をおこなう牧畜民がおり、イラク族という半農半牧というか牧畜と農業を両方おこなう部族がいます。それから、スワヒリという農耕民、これは行くまえからスワヒリ語をちょっと勉強し、もちろん通訳なしでずっと調査しました。それぞれの部族の言葉はあるけど、共通語としてスワヒリ語が通じます。わたしはそこでエスノグラフィーという民族誌的調査をしました。とくに生業が違う人びとの比較研究と物質文化の調査をおこないました。

フィールドワークは居候

石毛　タンザニアでは、わたしが自分で考えたやり方「居候方式」をとりました。その村はまえの年に梅棹さんたちが調査に行ったつてがあり、そのなかの農耕民の家にわたしの荷物を置かせてもらって、そこを本拠地として生活様式が違う部族のところに居候する。下宿だったら部屋代を払わなきゃいけないけれど、それはいっさい出さずに現地人

れるようになった。一九八六年に京都大学アフリカ地域研究センターが設立され、それが現在の京都大学アフリカ地域研究資料センターに発展する。

伊谷純一郎
一九二六—二〇〇一。日本の生態学者、人類学者、霊長類学者。今西錦司の京大アフリカ人類学研究を継ぎ、人と自然の総合的研究を推進。一九八四年『霊長類の社会構造』でトーマス・ハックスリー記念賞を日本人として初めて受賞した。

富川盛道
一九二三—九七。社会人類学者。アフリカ研究のパイオニアとして知られる。とくに、一九六一年の今西錦司を隊長とするアフリカ学術調査隊では、人類班の調査リーダーとしてマンゴーラ地域に三年間居つづけた（このときチンパンジー調査を目指した類人猿班チン

の家に居候する。そうするとお客さん扱いじゃなくなり、大きな家に住んでないので、みんながごろ寝してるそばで寝る。あるいは狩猟採集民のハッザ（ハッァピ）族は移動する人びとだから固定的な家屋がない。ハッザの調査のときだけは居候するわけにいきません。彼らの家屋とは、ひとつの家族が住む小屋の直径が二・五から三メートルぐらいの家ですね。地面に丸を描いて、そこに切ってきた枝付きの木をボンボン埋めこんで、それを上で括るだけです（図1）。雨期になると、雨を避けるために、その上に枯れ草をのせたりします。小さい家だから居候するわけにいかないので、そのときだけわたしの家を建ててもらいました（写真2）。ほかの部族のところだと、居候で部屋代も払わない、だから特別扱いなんていうのはとうていない。毎日家族と同じ時間に起き、家族と同じものを食べる。お客さん用の料理なんてのはない。野良仕事に行くときには一緒についていって、こっちも手伝う。この方法だと、生活全部をその家族のひとりとして暮らすわけで、日常生活をともにするのでよくわかる。これを暇なときをみては記録していく、そんな居候方式の調査をやったことがわたしのフィールドワークではいちばん役立ちました。

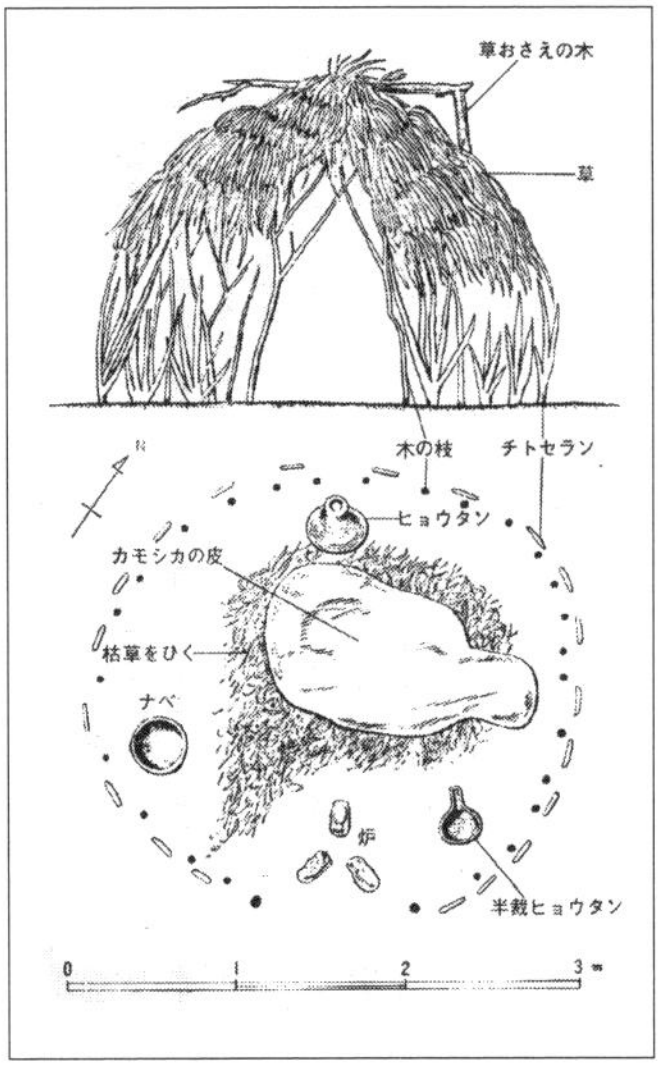

図1　フィールドノートから復元したハッザ族の住居（著書『住居空間の人類学』鹿島出版会、1971年より）

赤坂　先生の本に、居候している家の奥さんの下着の枚数ま

パンジーの調査リーダーは伊谷純一郎）。著書に『ダトーガ民族誌　東アフリカ牧畜社会の地域人類学的研究』（弘文堂）がある。

和崎洋一　一九二〇—九二。文化人類学者、京都大学名誉教授。梅棹忠夫とは旧制第三高等学校時代の同級生で、ともにタンザニアのマンゴーラ地域の調査に従事。著書に『スワヒリの世界にて』（日本放送出版協会）がある。

エスノグラフィー　民族誌。特定の民族(ethnos)について聞きとりや観察を重ね、人びとの社会生活や行動様式をついて総合的にまとめた記録（-graphy）。アンケートなどで統計的にとらえる定量分析と対をなす。

写真２　ハッザ族に建ててもらったわたしの家
（写真提供：国立民族学博物館）

でわかってしまうみたいなことが書かれてましたけど、つまりほんとうにお客ではなく、居候として存在している。その目線、まなざしで眺めて記録していくフィールドワークのやり方をした人は、あまり聞いたことがないですが、京大の皆さんは当たり前にやっていたのですか？

石毛　いえ、そういうわけではないです。自分なりの方法ですね。

赤坂　それは石毛先生のパーソナリティでしょうか。それとも何か条件があったのでしょうか、それを許してもらえた条件が。

石毛　やっぱり、まず友だちになることが大切です。仲よくなった人のところに転がりこむのです。

赤坂　どうやって友だちになりますか？

石毛　うーん、なんでしょう、とにかく行って話をすることですかね。こっちが特別に友だちになろうなんて思わなくても向こうからくる。というのは、外国人はまえに梅棹さんの調査隊が入っただけで、外国の人間は知らない。そういったところへわたしは調査をしにいった。だから相手の人からすれば、変な奴が訪ねてきたぞ、それで「どこから来たか」とか「おまえは子どもがいるか」とか「奥さんがいるか」とか「普段何を食ってるのか」とか、こちらが調査の対象になる。フィールドワーカーは相手を見にいくと思ってるけど、じつは相手側からも見られており、相手に見られにいくことでもある。対象フィールドの人びとは、逆にわれわれよそ者をちゃんと調査しているわけです。つまり調査されにいってるわけで、そうすると、自然と向こうから寄ってくる。

わたしはフィールドワークをおこなうとき、緊急用の食料以外は持っていかない。調査相手と食い物を一緒にする。わたしが持っていくもの（食料）は、かさばらない抹茶の缶と昆布茶です。たまにちょっと自炊したくなったとき、昆布茶を溶かしてその辺にある現地の人が食べてるものを入れたり、葉っぱをちぎって入れる。昆布茶というのは日本料理をつくるときのだしの素としても使える。わたしは作法は全然知らないほうの人間ですが、ときに、ちょっと日本を思い出したくなったとき抹茶を飲みます。もちろん、お茶の道具なんて持っていかないから、小さい木の枝を折ってかき集めて茶筅のかわりにして点てる。ほんとうにたまにしかしませんが、自分が食べたり飲んだりするだけでなく、まわりの人たちにもお裾分けする。飲み食いは親しみが倍増しますね。

赤坂　なるほど。

石毛　ニューギニア高地に行くときには、本多さんとか本隊が来るまえにわたしが先に入って予備調査をしていた。ニューギニア高地はわたしが調べたところ、塩がものすごい貴重品で一か所だけ塩水が出る泉がある。塩水泉に枯れ枝などを入れて、たくさん沁みこませて乾燥させ、火をつけて燃やすと灰まじりの塩ができる。塩の結晶だけ採るわけじゃなく、できた灰そのものがたいへん貴重な交易品として、いろんな部族のあいだを流通する。塩がいちばんの貴重品。それをわたしは知ってから、奥地の入り口の町に行ったら、そこで灰のまざっていない塩をたくさん買っておきました。奥地の村に行くと服を着た人間なんて見たことないわけです。男だったらペニスケース一本、女性は腰蓑ひとつだから。そこに洋服を着た人間が来て、村のなかに入っていくと、おかしな奴が来たと思われ弓矢を持った人にバッととり囲まれる。そのときに塩を出して自分で旨そうに舐める。自分が舐めたから毒じゃない。それを相手にちょっと舐めてみろと差しだす。すると「塩だ」というわけで打ち解け「それだったら俺の家にこい」とか、食べるものを出してくれる（写真3）。

わたしにいわせたら言語のほかの最大のコミュニケーションツールが「食」です。食い物だとか酒とか飲み物ですね。

赤坂　柳田国男《やなぎたくにお》という人は、旅という日本語の語源は「賜《たま》う」、「給《たべ》／賜《たべ》」、食べ物をくださいと、そこからきているんだ、といわれてます。人が移動するとか旅をするというときに、まさに食べ物を仲立ちとしてさまざまな関係がつくられていくと思います。いまの塩の話はけっこう衝撃的ですね。話をお聞きしてると、その人たちは藻塩づくり、藻塩焼きみたいなものにちかい塩のつくり方だと思うけれども、それは灰まじりなわけですね。その塩は何色なんですか？

石毛　灰色です。

写真3　1963年ニューギニア中央高地探検のとき。ペニスケースをつけ、弓矢を持つモニ族との写真

柳田国男
一八七五―一九六二。日本民俗学の創始者。国内を旅して、日本の風俗や伝説、民話を調査。目に見えない日本人の精神性を追求し、日本の民俗学を確立。代表的な著書『遠野物語』は、岩手の農村の豊かな伝承を収録している。

赤坂　じゃあ町で買っていったのは岩塩ですか？

石毛　真っ白な精製塩ですね。だからそのままではわからないので、こっちが旨そうにまず舐めて。

赤坂　その塩は少し分けてあげるわけですか？

石毛　ええ、そうです。

赤坂　給《たべ》／賜《たべ》ですね。旅の語源のような話ですね。いま東アフリカとニューギニアというまったく条件の違うフィールドの話がつながって出てきたけれども、石毛先生は食をめぐる文化を、自分のテーマにしようと決められたのはいつごろでしょうか。自覚的にテーマとして始められた時期は。

石毛　『食生活を探検する』を書いた直後かな。その本のあとがきにもちょっと書きましたが、研究者としては食の研究もしなきゃ格好つかないと考えて。最初に書いた食関係の論文は、それまでに訪れたアフリカやニューギニア、トンガなど八つの社会を対象とした「台所文化の比較研究」というタイトルです。調査した社会の物質文化のデータは実測図を描いたりしてたくさんあるので、そのなかの台所用具を題材にまとめてみたのです。

赤坂　そのころの、ごく若いころのノートとかは現在でもお持ちですか？

石毛　ええ、あります。

赤坂　ぜひこの本に、そのノートを掲載させてください。ノートを見たいですね（写真４）。

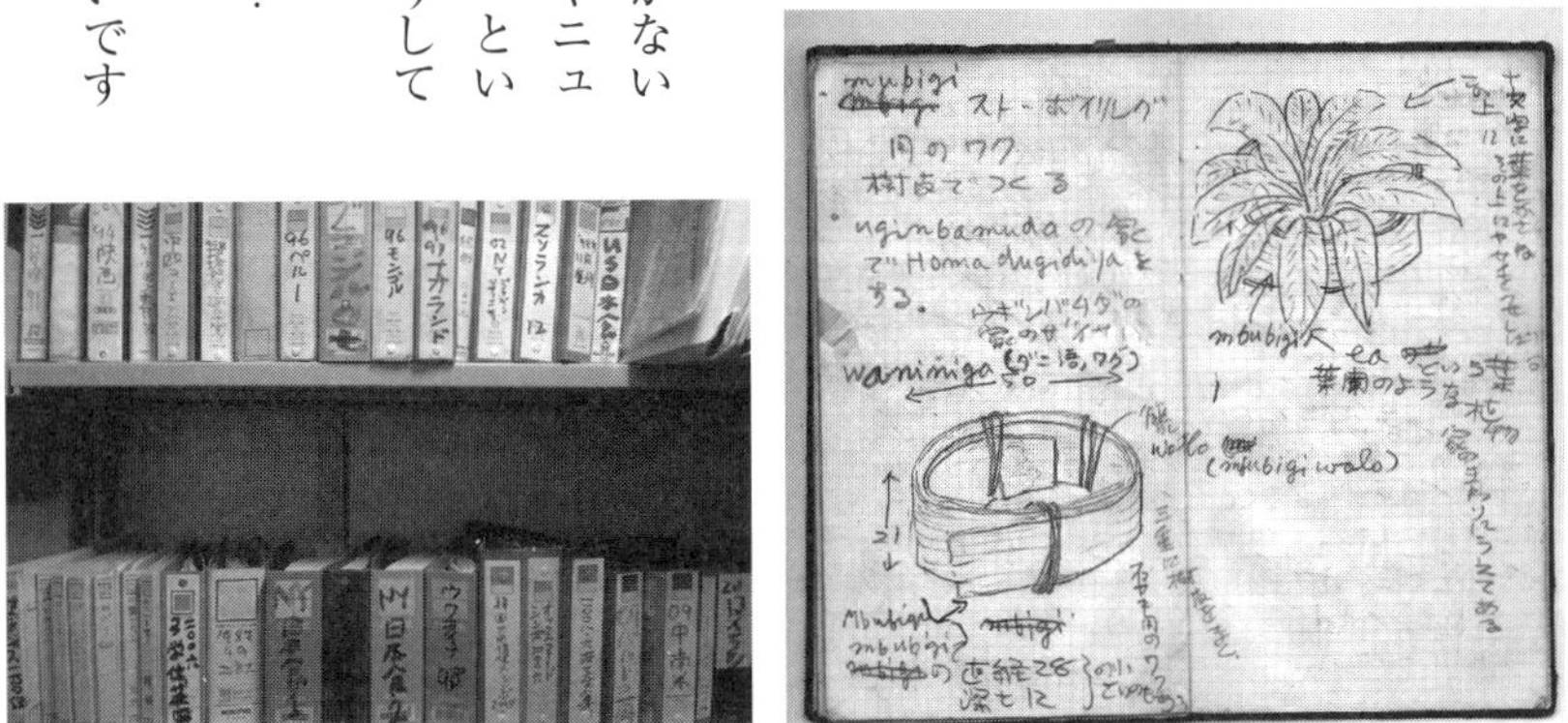

写真４　フィールドノート（左：世界各地で記したフィールドノート、右：石蒸し料理の道具を記した、ニューギニア中央高地でのフィールドノート）

台所用品からみた比較文化論そして料理人類学

石毛　写真は味の素食の文化センターに寄贈してあります。論文ではフィールドノートに記録されている八つの社会の物質文化のなかで、台所用品をとりあげてみたのが「台所文化の比較研究」です。

赤坂　やっぱり食につながっているのですね。

石毛　ええ、台所用品からみた比較文化論みたいな、食の比較文化です。

赤坂　それが最初の論文だったのですか？

石毛　それが食に関する最初の論文です。それ以前にも住居論などフィールドワークにもとづく物質文化関係の論文は書いていましたが。

赤坂　図とかつくられた地図とか、それを拡大して見たいですね。

石毛　わたしの場合、若いころはフィールドワークに行ったら、エスノグラフィカルな調査をまずしました。食だけじゃなくて暮らしを全般的に見る。食だけを専門にフィールドワーク調査しても、その食をとり巻く環境だとか、人びとの価値観だとか、それがわからなかったらダメです。食の研究というのは食だけで完結するものではなく、社会全体の知識が必要なのです。わたしは体験してないけれども、フィールドワークをよくやってた若いころは、なんとか一年間フィールドにいられたらいいんだがなと思った。助手だとか、あるいは博物館をつくる仕事だったりで、一年間はとうていいられない。一年がほんとうは民族誌的なサイクルです。一年間の季節の移り変わりに応じた生活の変化とか、あるいは祭りとか年中行事とか、そういったサイクルを全部見るためには一年

味の素食の文化センター
東京都港区にある食文化を学べる施設。食文化の研究支援・普及活動をおこなう。学際的研究会「食の文化フォーラム」を主催し、研究成果を一般向けに発表。その他、食文化雑誌『季刊vesta』（ヴェスタ）の発行、映像記録の自主制作、図書・文献などの資料収集、食の専門図書館「食の文化ライブラリー」、食文化に関する錦絵などを展示する「食文化展示室」などを運営し、食文化情報を多角的に発信している。

間その土地で暮らすことが大事だと思います。

赤坂　年中行事や祭りなどさまざまな儀礼のなかで、「ケ」の日常の食文化と「ハレ」の非日常の食文化みたいなものが重なって観察できますね。

石毛　そうです。美食の研究をするなら別ですが。そうじゃなくて地域の食文化、美食じゃなく文化的に、あるいは人類学的に知ろうと思ったら、美食よりも民衆が普段食ってるものを食べることが大事です。はじめはわたしも食文化の研究をやろうと思ったときは、これだったら旨いものを食うことも仕事のうちだから食いっぱぐれがなくていいだろうと考えていました。それで始めたら、これは浅はかだったということがわかった。つまりいちばん大事な基本的な食とは、それぞれの社会でふつうの民衆が普段食べてるものだけど、庶民がそんな旨いものばっかり食べてるところなんてないわけです。

赤坂　そうですね。日常の食文化はたいてい単調なもので、たとえばソバのとれたあとは毎日ソバを食べる。ぼくは苦手なソバを三、四日食べつづけるだけでまいったことがあります。

石毛　わたしが食文化の調査を主目的としたフィールドワークをおこなうようになるのは、一九八〇年ごろからです。八〇年代には、魚の発酵食品や麺類など、食物や料理を対象とした研究をいくつもしましたが、いずれも本格的な論考のなかった研究分野です。そこで、文献にたよらず現地調査をしなければならないということで、食のフィールドワークをすることになったのです。

アメリカでスシブームが起きたときには、一九八〇年に仲間たちとロサンゼルスの日本料理店の調査に出かけました。次に、二〇〇七年にニューヨークの調査をした。これは和食をユネスコに登録した会の委員長で熊倉功夫さんという民博の名誉教授と、それからプロ料理人で京都の料亭「瓢亭」一四代主人の高橋英一さんとで、ニューヨークの日本食の調査をやった。二週間ぐらいの短い調査期間になるべく調査例を多くするために一日三回ぐらい日本食を食うわけですが、アメリカの日本食、食べたものは全部写真に撮る。

あとで親しいプロの料理人で奥村《おくむら》彪生《あやお》さんにその写真を見てもらうと、ニューヨークの日本食の盛りつけ量はだいたい日本の同じ料理の三倍あるという。つくる側の料理人に聞くとアメリカ人にとって、日本料理の高級なチョビチョビとした盛りつけは通用しない。量をたくさん使って、皿の余白が見えないぐらい料理をたくさん盛るとゴージャスでリッチだと評判がいい。

しかし調査時料理人にインタビューした手前、その料理を残すわけにもいかないので、毎日、二週間食いつづけた。朝飯はコーヒーだけですませて、そのあと夜まですごい量を食べる。ニューヨークに行っても日本料理の調査だから、ほかの料理を食べるときがない。帰りの飛行機の中で初めてナイフとフォークで食事をした。

あるいは麺の調査をしたとき。中国で発生した麺と、イタリアのパスタのなかでも麺状のスパゲティは関連があるか調べにいった。向こうの学者と会って話したりしましたが、イタリアのパスタをなるべくたくさんの種類を食ってみないとわからない。アメリカなんかだったらスパゲティの専門店なんてありますけど、イタリアでは原則としてパスタ類は、いちばん最初に食べるオードブルの次に出てくる。パスタあるいはスープかリゾット、その次にメインディッシュが出てきてデザートが出る。そういったコースでパス

奥村彪生
一九三七―。伝承料理研究家、食文化研究家。ＮＨＫ「きょうの料理」にも出演。料理人として初めて博士号をとった。

タを食べなきゃならない。しかもなるべくいろんな麺を食べようとしてパスタの種類を一度の食事で四種類違うものを食べていた。帰国してちょっとおかしいと思って検査してもらったら立派な糖尿病になっていました。そのときから二〇年間いまでも糖尿病の薬を飲んでます。これは仕事でなった病気といって労災を申請してもダメだろうと思ってます（笑）。

食のフィールドワークは、以前だったらいろんなものを食えていいだろうと思ったけど、全然違う話です。「食」の研究は、歴史的なことを調べるなら本を読み、現在の食を中心に調べるならやっぱり食べてみなきゃ。いくら頭や本でわかっていても、それは絵に描いた餅であって、食のフィールドワークではやっぱり食べることが大切だと思います。

赤坂　『食生活を探検する』のあとがきで「料理人類学」という言葉を使われてましたが、食をめぐる文化人類学的な研究はまったく未開拓の、だれも手をつけてない領域だったのかなと思います。

石毛　だいたい食についての研究というのは、文化の方面ではあまりなされていませんでした。

赤坂　自然系とか栄養学とかいろんな分野がありますね。

石毛　食べ物の生産とかに関わる農学、食べたあと人体への影響の栄養学だとか生理学、料理づくりを研究する調理学がありますが、みんな自然科学的な手法です。文化としての研究で従来からあったものは食の文化史的研究で、かつては歴史学者の余業としてのものだった。なかには日本では篠田統《しのだおさむ》さんという中国食物史を研究した偉い人がいて、この人はたいへんな学者だったが、この人をのぞいたらほとんど、ヨーロッパでもアメ

篠田統
一八九九―一九七八。植物、動物の生理生態学、衛生昆虫学、医動物学において数々の業績をもつ理科系の研究者だった。陸軍の防疫の技師として中国各地を従軍。戦後、傷の後遺症により実験室での仕事が難しくなり、人文科学の分野に転じ、科学史、家政学、民俗学の方面でも多くの業績を残す。蔵書、研究資料のすべてが、国立民族学博物館図書室に保管されている。おもな著書に『すしの本』、『中国食物史』（ともに柴田書店）、『米の文化史』（社会思想社）などがある。

リカでも一九八〇年ごろまでは本格的に食を文化として広い視野で眺めることはなかった。

レヴィ＝ストロースの、料理の三角形理論があるじゃないかというかもしれませんが、あれはレヴィ＝ストロースの構造人類学のパラダイムとしての役割をもっていますが、料理の実体を示すものではありません。一九八一年にオックスフォード大学でいまも続いてる食文化の国際学会で、そこの第一回会合のときに呼ばれていったら、アジアから参加したのはわたしひとりだった。ヨーロッパとアメリカの学者たちと話してみると「俺の国で食を文化として広く考えようと、そんなのを始めたのは俺の国では俺が初めてだ」という人ばっかりだった。だから食を「人類の文化」として総合的にとらえようとしたことはほんとうに新しい学問だといっても過言じゃないです。

赤坂　欧米の食をテーマとする学者たちは、石毛先生と同じように食べまくっていましたか？

石毛　あんまりそういった人たちじゃないですな。むしろ文献学のほうで研究をする人びとが主です。

赤坂　唐突ですけど、明治一一年に日本に来たイギリス人の女性**イザベラ・バード**が三か月にわたる旅のなかで、基本的には食料を持たずに現地の宿に泊まり、そこで出てくる食事をするということをくり返している。味噌汁が大嫌いだったらしい。かび臭いご飯やお茶、かなり日がたった卵ばかり。「ぞっとするほどいやなもののスープ」って出てきます。肉は出てこない。「食べられるものは黒豆と胡瓜の煮物だけ」とか、すごいなと思います。あの時代に四七歳の女性が現地の食事を三か月食べつづける。肉が食べら

レヴィ＝ストロース
クロード・レヴィ＝ストロース、一九〇八–二〇〇九。二〇世紀を代表するフランスの思想家で「構造主義の父」ともいわる文化人類学者。料理の三角形理論とはひとつの概念で、「生のもの」「火にかけたもの」「腐ったもの」の三つの頂点をもつ三角形を設定し、ここに「自然／文化」といった抽象的な二項対立をあてはめ、文化の隠れた構造の分析を試みるもの。

イザベラ・バード
一八三一–一九〇四。一九世紀のイギリスの旅行家、探検家、紀行作家、写真家。

れないですね。肉食の文化がどうも日本にはかなり希薄だったらしくて鶏を見つけると、バードがガイドのイトウ（伊藤）くんという若者に交渉して買わせるけど、朝起きたら逃げていっちゃった。あれは逃げていったんじゃなくて逃がしているんですね。バードがさばいて肉を食べたがってるということを知るとダメなんです。当時の日本人は卵を生ませるために鶏を飼ってる。あるいは雌牛の群れを見て、バードはミルクが飲めると思って舌なめずりをする。そうするとそこにいた男たちが「うー気持ち悪い。とんでもない」といって拒絶するとか。あの『日本奥地紀行』という本はとてもリアルな、まさに体ごとそこにぶつかっていった体験記であり、食文化の記述をとりあげていくだけでも、すごく豊かなおもしろい記録になっていると思います。でも彼女は探検家でしたからそれをやったのかもしれませんけど、ほとんどの欧米人は自分たちの食料をたくさん缶詰から何から積みこんで、たくさんのガイドや荷運びの人たちを引き連れて旅をしていたと思うんです。そういう意味で、石毛先生の本を読みながら、ああ、バードってそういう探検をやっていたんだと思うと、とても尊敬に値する人物ですね。

石毛　しかも彼女はかなり僻地をまわってます。

赤坂　すごい田舎でびっくりします。

『日本奥地紀行』
高梨健吉訳、平凡社東洋文庫、一九七三年
一八七八（明治一一）年六月から三か月間、著者四七歳のときに関東から東北、北海道をまわった旅行記。日本人の衣食住や生活習慣を中心とした民俗文化が、著者の率直な感想とともに記録されている。

石毛クッキングスクール一〇周年

赤坂　石毛先生の本を読んでいて「味の記憶」という言葉がすごく心に残った。「味の記憶」は絶対文献には載ってないし、それを実際に食べて、感触みたいなものを記憶していくという作業をくり返さなければ、味に対するイマジネーションは育たない。文献では絶対に無理だろうなと感じる。とてもいい言葉ですね、「味の記憶」というのは。
石毛　わたしも自分で料理をしますので、その記憶が薄れないうちにちょっと似たようなものを家でつくってみたりすることがあります。
赤坂　それはごく若いころからですか？
石毛　そうです。だいたい大学院のころからですね。大学院に入ってアルバイトで別荘の番人をやってまして、場所は京都の宇治で、大学は随分サボってました。そこへわたしの後輩が転がりこんできた。松原正毅くんという、もとは民博にいて、いま坂の上の雲ミュージアムの館長をやってます。下宿代いらないし別荘ですから、ちゃんとした台所がある。一念発起してちゃんと料理をやってみようと思って、古本屋で婦人雑誌の付録の料理をつくりはじめたわけです。松原くんが来てから「これから一〇〇日間、朝飯と晩飯を、飯と味噌汁をのぞいたらすべて違うものを食わせてやる」と宣言しちゃって、その婦人雑誌の付録を見たりしてつくりました。わたしは母親に料理を習ったことがなく、全部自分流のでたらめ料理ですがつくることもけっこう好きです。
赤坂　一〇〇日間、ほんとうにつくったのですか？
石毛　ええ。
赤坂　松原さんはどういう反応を示されました？
石毛　そうですな、記憶にないです。
赤坂　でもそれ以来、『食生活を探検する』にたくさん出てきますが、アフリカに行ってもどこに行っても、実際に現地で調達した素材で不思議な日本食をつくってきたわけで

坂の上の雲ミュージアム
愛媛県松山市にある博物館。司馬遼太郎の長大な作品『坂の上の雲』にもとづく、松山の町全体をフィールドミュージアムとする構想の一角を担う施設。初代館長は松原正毅氏。

すね。

石毛　ちゃんとした料理人がつくったら創作料理といわれますが、わたしがやったらでたらめ料理（笑）。

赤坂　でも、けっこう皆さんに人気があって楽しんでもらえるわけですね。

石毛　はい。博物館に勤めてるとき、生活科学実験室という衣服づくりだとか、いろんな生活に関係することが再現できる設備をつくったんです、わたしがその管理責任者のときに、料理もできるプロ流の調理台を備えて、つまみをつくっては博物館の館員の酒飲みと飲み交わしたり。博物館には秘書とか事務関係の若い未婚女性がけっこうたくさんいて、彼女たちから頼まれて、わたしが講師となっていろんな料理のつくり方を教える「石毛クッキングスクール」を開いた（写真5）。この料理講習会は一九八〇年代はじめから一九九〇年代の途中までよくやってたかな。当時の金でだいたい一〇〇〇円の会費で材料を買い、その一〇〇〇円のなかからお酒もふんだんに飲める講習会。わたしだけじゃなくて、わたしが忙しいときは博物館に来てる外国人研究者にその国の料理をつくってもらったりした。それで「石毛クッキングスクール一〇周年」というレシピ集をそれの常連だった人が出してくれた。しかし館長になったらそういった暇がなくなってしまいました。

赤坂　本のなかにいくつものそういう料理が出てきますね。それでつくれる人はつくれるんでしょうね、きっと。もう一度「味の記憶」という言葉にもどりますけど、無数の「味の記憶」を石毛先生はアフリカやニューギニアやいろんなところからもってきたと

写真5　石毛クッキングスクールで料理づくり

思いますが「味の記憶」は再現できるものですか？

石毛　これは難しい。なるべく食べてから日にちがたたないうちでないと。記憶がなくなっちゃいますと、思い出すものは、それに似たもの、似た味を経験したときに、ああ、あそこで食ったのはここのところが味が違うなとか、そういったものを思い出します。感覚的なものだから、なんていうか、ほんとうに感覚としての記憶しかダメですね。あとでこんなものを書いても。

赤坂　でもぼくは石毛先生の仕事がすごいと思うのは「人間は料理をする動物である」という言葉、実際に料理をとことんされている石毛先生だから、その言葉がリアルに生々しく感じられるところがあると思います。

人間は料理をつくり、みんなと一緒に食う動物

石毛　人がやらない、あんまり手をつけてないこういった分野にとり組んだのは、最初にこれは文化であると気づき、食の文化を基本から考えてみなきゃいけないと考えたことでしょう。だからつくりだしたテーゼが「人間は料理をする動物である」となった。もうひとつは「人間は共食《きょうしょく》をする動物である」。霊長類でも食物を分かちあって食うことはあるけれども、それはチンパンジーなんかでもおねだりされて渋々する。要求されなかったら自発的に食い物を仲間たちで分けることはないです。鳥類でも巣立つまえだったら親鳥がエサを探して雛鳥に食べさせる。しかし成長したら鳥でも動物でもエサを探し食べることは個体単位です。人間の場合は単身赴任でひとりで食わなきゃいけない

ことはあるけれど、原則として食は分かちあって食う。その基本的な単位が「家族」です。家族そのものが食をめぐってできた単位です。性によって、持続的な性関係をもつ夫婦、生まれた子どもと親はセックスしない、子どもどうしではダメ、家族の範囲を性が決めていく。それと同時に、いつも共食をする家族という集団単位ができ、それが強化されて連帯感が生まれてくる家族の基本が食だったのです。

わたしは食の文化、人間の食を文化として考えるとき、ひとつは「調理の料理システム」、もうひとつは「共食をめぐる食行動のシステム」、この両方が重なりあって食の文化ができていると考えています。

赤坂　ぼくも山形に二〇年ぐらい単身赴任してましたけれども、ひとりで食べてもおいしくないですよ。なぜなんでしょうね。必ず学生を連れて食べにいってました。いまは個食なんていう言葉が流行ったりして。すごいラーメン屋さんがあり、一人一人、カウンターが壁でしきられていて、その穴からラーメンが出てきて、隣の人に見られないで食べられる。けっこう流行っているのを見て、これはなぜなんだろうと思って。とても不思議な、食べることをめぐって何か壊れはじめてるのかなと思ったりしますけど。

石毛　それでもそれは人がつくったものを食べるわけです。自分でつくって、自分ひとりで食べるということは他者と関係がない。変なたとえをしたら、セックスでいったらオナニーです。わたしは大学院のころ料理をするようになって、別荘の番人をするまえから料理してたから台所が使える下宿にいた。そうすると自分がつくるときにやっぱり一緒に食べる相手が必要。近くにいる友だちを呼んで、なるべく一緒に食って、また、つくった自慢をしたいわけです。で、友だちを呼んで食わせるかわりに、後片付け、皿洗いとか全部やらせる。やっぱりつくることは食べてくれる人がいること、それが前提なんです。いま高齢の独身者が多くなってるけど、料理自慢のおばさんなんかは、その地域の単身のお年寄りを会費制でもいいから集めて、それで食ってもらうといい。料理をつくったら食べてくれる人がいないと……。

赤坂　いま子どもの貧困問題がクローズアップされてますけど、「子ども食堂」ってご存じですか？　子どもたちの貧困問題が大きくクローズアップされてます。それで子ども食堂というものが一気に全国に広がって、要するに経済的・家庭的な事情などで自宅で十分な食事がとれない・ひとりで食事をせざるをえない子どもたちのために、定期的に安いお金でご飯をつくって、そこに食べにきてもらう。基本的なことで、民間のボランティア、豊島区などが始めて、ネットで子ども食堂のつくり方を公開し、それで一気に全国にその活動が広がったけど、これもそうですよね。

石毛　ほう。

赤坂　家族のなかで共食の場が壊れちゃってる。家族という単位を構成していても一人一人バラバラに食べるようになっている。石毛先生の本で日本社会が食の民主化をなんとか達成したと書かれているけど、もしかすると、その食の民主化がいま、われわれの足元から壊れはじめているんじゃないかと思います。実際にコンビニの弁当で育てられる子どもたち、お金をワンコインわたされて勝手に食べるという現実、共食という人間であることの根源に横たわっている条件が壊れていく光景は、ほんとうはすごく深刻な事態だと思いますね。

石毛　別のいい方をしたら、「家庭の食」と「社会の食」のせめぎあい。家庭の台所が社会の場だったら食品産業で、家庭の食卓に対する社会の食卓は外食産業なわけです。社会の食が家庭の食にどんどん入りこんでくる、それがいまの日本でしょう。食の教育は昔だったら、これがおいしいとか、この食べ物はなんていう材料でどうやってつくるのか、それが家庭のなかで親から子どもへ伝えられる。しかし、たいへん弱体化したので、社会の側の施設である学校でやろうとしている。「食育」、そんな言葉がいま日本社会にはたいへんあふれていますね。

じゃあ人間は家族にかわる集団単位をつくれるか、わたしは無理だと思います。いままでいくつかの実験があって、イスラエルのキブツとか、中国の人民公社の食堂とか。個々の家庭で料理することはブルジョワ的だと決めつけられて。人民公社の食堂でみんな一緒に食べようとした。そしたら人民公社の食堂に行って、できあがった料理を食堂で食べずに家庭に持ち帰って家族で食べている。社会の食で完結させようなんてことはやっぱり無理ですな。

キブツ
イスラエルの集団農業共同体。ヘブライ語で「集団・集合」の意。共同体のメンバー全員をひとつの生活単位（家族）として暮らし、所有・生産・消費・生活の一部が共同化されている。

家庭料理は飽きがこない

赤坂　食を専門とする歴史家もふくまれていたけれども、研究者たちの研究会のあとの飲み食いの場で出てきた話なんですが、家庭料理がどうして飽きないのかという話になった。ファミレスなんかの味というのは数量的に決まっているから、そのファミレスのどこのチェーン店でもほぼ同じ味がする。それが安心だという人もいますけど、やっぱり飽きる。ところが家庭料理って同じようなメニューがくり返されるのに飽きない、いっ

人民公社
かつて中国において存在した農村における地区組織の基礎単位。一九五八年に成立。生産組織と行政組織を一体化して結成。農業の集団化を軸に、政治・経済・教育・軍事などのすべてを包括する機能をもっていたが、七九年からの改革開放路線のもと、八三—八五年にかけてほぼ解体された。

たいなぜなのか。学者連中がいったことはふたつぐらいあって、ひとつは奥さんの味がファジーだからだという。料理をつくるときの気分で、じつは味つけが微妙に変わっているから飽きないんじゃないか。もうひとつは愛情の問題だと。夫婦関係とか家族関係がよければ妻のつくる食事はおいしいと感じるけど、関係が悪ければとてもおいしいなんて思えない。家庭料理ひとつをとっても、じつは関係性とかいろんなものが、社会の味と絶対に交換できないものなんだなということを、原田信男さんはそのときにいいましたね。

石毛　家庭料理は料理そのものの味覚だけと違って、料理をつくった人とか食べる人の人格が投影されていて、それを食べているわけです。ところがレトルト食品だとか、ただ電子レンジでチンして温めたら食べられるとか、ああいったものはつくった人の人格は存在しない。工場でつくっているから。

赤坂　料理をつくった人の人格が、食べるものの味に投影されているというところがすごくおもしろいと思います。「人間は料理をする」そして「共食をする動物だ」という石毛先生の言葉に、とてもリアリティを感じさせられます。

話を別のところに転がしたいのですが、柳田国男に「モノモライの話」という昭和一五年のエッセイがあります。ものもらいですから目にポツンとできる。柳田がそのものもらいに関心をもったのは、ものもらいという言葉もそうなんですけど、メボ（メボイト）とか、メコジキとか、つまり乞食をめぐるフォークロアがかぶさっている名前が出てくる。どうしてだろうかと調べていくと、とてもわたしが気になっていることは、長野の下伊那地方でものもらいの治療法としてこういう方法があるというんですね。橋を

「モノモライの話」
『食物と心臓』講談社学術文庫、一九七七年所収

わたらずに七軒の家をまわって、お米を少しずつもらい家に帰って炊いて食べると治る。別の地方では、米じゃなくて麦の粉をやっぱり七軒の家からもらって帰ってまとめて焼き餅にして食べる。そうすると治るというんです。柳田はやはりすごい人だなと思いますね。食べ物、食物をめぐるある種の連鎖みたいなものがある。連鎖によって家族を超えた共同体のようなものをつくり出し、共同体によって支えられることの安心感みたいなものが、背景にあるのではないかというい方をしていますね。食べるということが個人の行為じゃなくて、家族、あるいは共同体まで広がるような、人間関係の網の目と深いつながりをもっているということを柳田先生はものもらいから解き明かしていく。ぼくの大好きなエッセイのひとつです。

石毛　地域の祭りの食事、神社に捧げた食べ物だとか、お酒だとか、行事がすんで直会《なおらい》のときに、そこへ集まった人びとが食べる。これは地域の人びとと一緒に連帯感を強めるだけじゃなくて、じつはこれは神様と人間が一緒に食ってる、そういったことでもある。

赤坂　食べることはきわめて社会的な行為である、ということがとてもよく見えると思いますね。

俺たち人を食ったことはないが一度食ってみたい

赤坂　わたしは、じつは包丁とまな板がとても気になります。包丁とまな板がセットになっている文化は、東アジアの箸の文化とも重なってくると思います。唐突ですけど人身御供の伝説、生贄の伝説が日本社会にたくさんあります。そこには必ず娘を調理するまな板と包丁が出てくる。まな板と包丁はたんに恐怖感をあおることではなく、文化的に意味があるだろうと思いますね。サルの神様、猿神に娘を生贄として差しだすけれども、なぜそこにまな板と包丁が出てくるのか、これは決して偶然ではなく、つまり人間が「料理をする動物」であるということを思い出すわけです。

ほかには古事記のなかのオオゲツヒメという女神がスサノオを接待するときに口や鼻や尻から吐きだしたものを素材にして加工する、料理するという。そうした調理したものを差しだしたら、なんて汚ないものを食わせるんだと怒って、スサノオはオオゲツヒメを殺してしまう。すると女神の死体から人間の作物の種がいろんなかたちで出てくる。この神話のなかにも、こっそり料理するというテーマが必ずあり、だから猿神様も生で娘を食べないのです。必ず切り刻んだりして料理して食べる。料理をする人間というイメージがさまざまな文献のなかに、じつはきっちり書きこまれていることに改めて気づかされて、おもしろいなと思ってきました。

石毛　料理をすることは、ほんとうに人間が人間らしくなったときから。ただ、そこのところで人身御供、実際はどうだったろうか。日本は犠牲を伴う宗教ではないですからね。

赤坂　違いますね。血をきらいますしね。

石毛　生贄を古代は大事にしていた。

赤坂　生贄の文化論みたいなことは昔、中村生雄さん、三浦佑之さん、原田さんなんかと供犠《くぎ》論研究会をやっていて、いろんなところを見て歩きました。**西米良**《にしめら》**という九州の山中の神楽**なんかにも血まみれのイノシシの首が二〇ぐらい並びます。一晩じゅう祭りをしていて、料理というテーマがいろんなかたちで出てきますね。

西米良という九州の山中の神楽
西米良神楽は、宮崎県米良西部山系に分布する夜神楽。ヤマト文化圏では、動物を殺しその血を神に供える動物供犠はきわめて少ないが、雨乞いや日乞いに「殺牛馬」をおこなったことが『日本書紀』などにみえる。

石毛　あれはなんだったかな、天武天皇が期間を限っていたけど、五種類の獣を殺して食べることを禁じた。あれは仏教だけじゃない。稲作の農耕儀礼に関係をもつことらしい。そこで原田さんがいっていることは、ひとつは渡来人が稲作儀礼として生贄を捧げた。そしたらかえって不作になっちゃった。そういったことが影響しているんじゃないかな。日本はそういった犠牲宗教の色彩がたいへん弱いですからね。

赤坂　いろんなところに痕跡らしきものはあるでしょうけど、実際にそういうことがおこなわれた事実は、なかなか証言もできないし難しいとは思います。お話であるにしても、料理をするというプロセスが組みこまれているところに、ぼくはすごくおもしろみを感じてしまうんですね。

石毛　わたしも人は食ったことないので。小松左京と「俺たち人を食ったようなことをしゃべるけど、しかしほんとうに食ったことはない。一度食ってみたい」と。それでお互いに遺言状に死んだら片腿を分けると書こうということになった。「そしたらぼくはそれで小松さんの太腿で生ハムをつくるわ」といって。でも亡くなったとき遺言状には書いてなかった（笑）。

赤坂　ぼくはじつは『性食考』という本を準備してまして、そのなかで食と性の関係、食べることと交わることは必ず重なって出てくることにふれています。石毛先生も『食生活を探検する』のなかで論じられていらっしゃいますが、調べてみると、芥川龍之介が未来の奥さんに向かって、恋人時代に恋文を書いていてそのなかに「文ちゃんがお菓子なら頭から食べてしまいたい位可愛い」という言葉を残しています。「食べちゃいたいほどかわいい」という言葉がどうして出てくるのかが、すごく気になっています。世界

五種類の獣を殺して食べることを禁じた
肉食は農耕に悪害をもたらす（穢す）と考えられ、天武天皇の治世（六七五年）に、肉食禁止の勅令が初めて公布され、五種類の動物の食用と狩猟が禁止された。禁止されたのは、牛・馬・犬・猿・鶏で、毎年四月から九月までの農耕期間に限った。

『性食考』
岩波書店、二〇一七年

中のあらゆる言語で、セックスすることと、食べることとを同じ言葉で表現する文化がある。これらのことをどういうふうに石毛先生なら考えられるか、きょうは最後にお聞きしてみたかったのですが。

石毛　結局、愛人なんかを食べちゃうという表現は究極の一体化を表現することと思いますね。その人を食べて、それが自分の体の中に入る。性と食というのは人間の二大本能、快楽だといわれるけど、ほんとうはセックスと食は同時進行ではできない。食べるか、性の快楽を得るか、どっちかです。セックスしながら食べるという人もいない。

赤坂　聞いたことないですね、それは。河合雅雄《かわいまさを》さんが、「性行為が快感をともなうことの、動物における証明はない」といわれている。石毛先生の『食事の文明論』の三章「食事の原点」に、食と性についても語られてますが、じゃあ快感を感じるのは人間だけなんですかね。余計な質問をいたしましたが、じつは気になっているテーマです。あと何かつけ加えることはありますか？

石毛　それでは、ひとつだけ。食文化と研究、食というものは、人間活動のほんとうにさまざまな局面と関係してるわけです。食料を入手するためには農業だとか、あるいは経済、お金、あるいは食を表現する文学もあれば、絵画の題材にもなる。とにかく食べるということは人間のもっとも基本的な行動です。そうすると人間活動のさまざまな局面に関係してくる。だから食をフィールドワークとして研究するときには、食だけじゃなくて、食に関わるいろんなものを一緒に知らなくてはいけないということになります。飲食は人間にとっての根源的な営みなので、食文化は人間活動のいろいろな側面に関係をもつ事柄です。そこで食文化の研究は、さまざまな学問分野の視点から考察すること

河合雅雄
一九二四年ー。日本の霊長類学者、児童文学作家で理学博士。サル学の世界的権威でモンキー博士として知られる。今西錦司門下で、日本モンキーセンター設立に関わる。一九五八年から一九六〇年にかけての、日本モンキーセンターによる類人猿学術調査隊の第二次ゴリラ学術調査隊に参加した。おもな著書に『森林がサルを生んだ　原罪の自然誌』（平凡社）がある。

が可能です。

また、日常茶飯事といわれるように、食事は毎日おこなわれる行為なので、世界のどこでも、いつでも、食文化のフィールドワークをすることができます。

そんな食文化に、自分なりの視点でチャレンジしてみようという研究者たちが出現することを望むしだいです。

赤坂　まさしくそれが石毛さんの食文化研究にとっての肝であり、だから、人間論として豊かで魅力的なのだと思います。本日はありがとうございます。

Ⅱ部

食のフィールドワークとその記録術　——森枝卓士

食の生産と消費をめぐるフィールドワーク　——原田信男

食のフィールドワークとその記録術

――森枝卓士

森枝卓士

I　プロローグ　タイのキッチンで

「アニー・アライ?」
それ何?
「サイ・アライ?」
何を入れたの?

キッチンがフィールドだった。そこで、タイ人のメイドやカンボジア人の友人が、料理をつくるところを見ながら、学んでいた。一九七八年に大学を出てすぐ、タイに住んでいたころ、駆け出しの報道写真家であったわたしにとって、それが学校であり、フィールドだったのだ。

わたしは、水俣に生まれ育った。あの水俣病の水俣である。高校に入ったころ、ユージン・スミスという世界的に著名なアメリカ人の報道写真家がやって来た。のちに『MINAMATA』というタイトルで発表される写真集の取材のために。

ユージン・スミス
一九一八—七八。戦後、ヒューマニズムにもとづく視点から多くのフォト・エッ当時、天文学に興味をもち写真が趣味であったわたしは、星の写真を撮るためにカメラを買った。そこへ有名な写真家がわが町に来たということで、会いにいったのだ。あとで冷静に考えると、メジャーリーガーかリーガ・エスパニョーラの一流選手が、近所に越してきたから会いにいった野球少年かサッカー少年のようなものかと、冷や汗が出る。それが若さだったのかとも思うが。そして、幸い、このスーパースターは大らかな人物で、気軽に受け入れてくれたのだが。

親は水俣病の加害者である企業、チッソに勤めていた。一度、一緒にいたところを見られて、「親子の縁を切る」と怒られた。なので、隠れて会いにいっていた。

しかし、接しているうちに、報道というものに興味をいだくようになった。当時は朝日新聞の本多勝一記者が『ニューギニア高地人』などの探険三部作で、脚光をあびていた時期でもあった。その影響もあったの

写真１　カンボジア、シエムリアップの農家の台所。中国式のまな板、包丁。インド式にちかい鍋

セイを『ライフ』誌を中心に発表した。七一ー七四年、妻とともに水俣に住みながら撮影を続け、写真集『MINAMATA』（日本語版『水俣』）を出版し、水俣病の悲劇を世界に伝えた。

Smith, W. Eugene and Smith, Aileen M. *Minamata*. New York: Holt, Rinehart and Winston, 1975.

『水俣』
W・ユージン・スミス&アイリーン・M・スミス共著、中尾ハジメ訳、三一書房
一九八〇年（普及版一九八二年／新装版一九九一年）

『ニューギニア高地人』
藤木高嶺写真、朝日新聞社、一九六四年（のち講談社文庫、朝日文庫）
この本をふくめての探険三部作（『カナダ・エスキモー』『アラビア遊牧民』）で、とくに人類学を学ぼうとする当時の学生には、本多はある種のスターだった。

だと思うが、文化人類学を専攻しようと決めた。その専攻があるところを探しているときだったか、ユージン・スミス夫人のアイリーンさんに、ＩＣＵ（国際基督教大学）という存在を教えられこの大学にすすんだ。

学生時代は家庭教師と発掘のアルバイト（大学周辺には武蔵野の縄文遺跡が大量にあったので、その発掘現場で働くことがいいバイトになったのだ）。そうして貯めた資金で海外に出かけた。写真を撮りに。インド、ネパール。韓国。アメリカ……。

当時は総会屋雑誌などと呼ばれるような、マイナーな雑誌がいっぱいあった。撮りためた写真をその手の雑誌に持ちこんで、見てもらった。なぜ、「写真を持ちこむ」などということをしたのか、書いていて思い出した。近代思想史の長清子《ちょうきよこ》先生にもお世話になっていたのだが、「外国にいって写真を撮っているのだったら、雑誌に紹介してあげる」と、岩波書店の雑誌『世界』に電話をしてくれたのだ。さすがに、常連執筆者であった長先生のことなので、断れなかったか、編集長が見てくれ、あれこれとアドバイスをくれた。「次は先生にいわずに直接、連絡するんだよ」と。なるほど、雑誌に直接、電話をしたら見てもらえるのか。というわけで、もう少し敷居の低そうな雑誌に自分から電話をして、アポをとり、写真を見せて掲載を決めてもらった。

もとより安い原稿料、もとがとれたわけではないが、学生時代から、そういうことをしていたもので、こういうことで食べていけると思ってしまったか。地域研究の大学院にすすむことも考えたが、結局、「どうにかなるだろう」とフリーの写真家の道を選んだのだった。とはいえ、自称写真家に仕事が降ってくるわけはない。が、肉体労働の仕事は降ってきた。どうせ、暇にしているのだろう、ラオスに行かないかと。

長清子
一九一七年生まれ。近代思想史学者。日米開戦時に交換船で帰国した知識人、いわゆる「船底の四人」の一人。鶴見姉弟、都留重人とともに、戦時帰国船でアメリカから帰った。書籍等は旧姓の武田清子だが、大学ではこの本名の長という名前で通しておられた。

1 「食」の視点で、その国を見るということ

当時はまだ、インドシナ戦争（ベトナム戦争）が終わったばかり。社会主義国ラオスにビザなど、ふつうでは出ない。しかし、かつて日本の援助でつくられた、ナムグムダムの修理というプロジェクトには特別なビザが出たのだ。ただ、戦争が終わったばかりの発展途上国。しかも首都から遠い田舎。そんなところに行きたがる職人はいない。ということで、人づてに、そういうところが好きそうな物好きに声がかかったというわけだ。首都圏で一日、その技術の習得のために講習のようなものを受け、親方とラオスに飛び、ひと月働いた。そして、帰りの飛行機はオープンにしてもらった。直行などないので、経由地のバンコクにおろしてもらって。

かくして、冒頭のシーンにもどる。

バンコクに居着き、タイ語の勉強でもと学校を探していた。当時はまだ、ドミノ理論、つまり、ドミノ倒しのようにインドシナ三国に続いて、タイ、マレーシアと共産主義革命に飲みこまれていく、そういう戦いが起きるという声が冗談ではなかった。実際、タイ国内でもタイ共産党のゲリラと政府軍との小さい戦闘は頻発していた。その後、仕事をすることになるアメリカＡＢＣ放送の、あるカメラマンと助手はゲリラ掃討作戦に従軍していて、助手が地雷を踏んで即死。隣にいたカメラマンは片足を失った。そのためにフリーの写真家でもあり大学でも先輩だった、カンボジア内戦の生き残りの馬渕直城さんが、カメラマンの後任になり、わたしは死んだ助手の後釜に職を得た。そして、馬渕さんがカンボ

インドシナ戦争
第二次世界大戦直後から半世紀ちかくにわたり、インドシナ半島で戦われた戦争。通常、三次に区分され、第一次インドシナ戦争（一九四六－五四）、第二次（ベトナム戦争、六〇－七五）、第三次（七八－九一）と、ほとんど絶えることがなかった。

ナムグムダム
日本人が開発した、ラオスで最初の水力発電ダム。ラオスの首都ビエンチャンを流れるナムグム川に建設された。一九七一年竣工。

馬渕直城
一九四四－二〇一一。『地雷を踏んだらサヨウナラ』で知られる一ノ瀬泰造などとカンボジアの戦闘を取材していた。駆け出しの身には仰ぎみる、戦場の大先輩でもあった。

ジアから連れてでたカンボジア人の夫人と、タイ人のお手伝いさんと同居することになったのだ。日々の食事はカンボジア料理かタイ料理、正確にいえばイサーン（東北タイ）の料理。お手伝いさんは圧倒的にイサーン出身者が多かった。それを食べながら、冒頭の「キッチンがフィールドだった」という事始めにいたるのである。

当時はまた、タイの小規模なゲリラ以上に、カンボジア内戦が大きな問題だった。ポル・ポトのカンボジアに、ベトナムに支援された勢力が戦いを挑み、内戦となっていた。難民がタイに大量に逃げこんでいたときである。

その取材のためにカンボジア国境に泊まりこんだりする日々でもあった（写真2）。バンコクのような都会では、和食も洋食もふつうだったが、その田舎町では土地の屋台料理などしか選択肢はない。必然的にそれを食べつづけることになり、知らなかったことにショックを受けた。どうして、こんなにおいしい料理を知らなかったのだろう。日本では紹介されていなかったのだろうと。

当時はまだ、タイ料理の本の一冊も出版されてはいなかった。正確にいえば、タイムライフブックスから出ていた、英語版の〈Foods of the World〉（世界の食べ物）シリーズの翻訳で、『太平洋／東南アジア料理』という一冊があったが、それだけだった。そんな時代に、内戦や難民、あるいはゴールデントライアングルと呼ばれるラオス、ミャンマー（当時はビルマ）、タイ三国の国境地帯の麻薬問題等々の取材に歩きながら、その土地の料理を食べながら、偉そうに国際政治が云々といいながらも、土地の食さえ知らなかったことに気づいたのだ。ベトナム戦争やレバノン内戦などを生き抜いた、先輩ジャーナリスト

食べつづける
短期の旅行で数度食べたくらいでは、文化としての食はなかなか理解できないと思う。外国人向けのアレンジされたものではない、本場の味をある程度の期間食べつづけて、初めてみえてくるものがある。

たちと国境の屋台を囲みながら、今日も生き延びたとビールを飲みながら会話を交わす。そんなときに、国際政治が云々といいつつ、土地の食文化というものに無知であったことを思い知らされたというわけなのだ。

土地の人びとは何を食べているのかを理解するために、とりあえずはバンコクにもどったときは、お手伝いさんや馬渕夫人がつくるイサーン料理、カンボジア料理のプロセスを見て、あれこれ質問し、食べてまた質問し……ということが、いまにして思えば、わたしの食文化入門、その取材調査入門であったと気がついたというしだいである。

その後、独立というか、一緒に取材などしていたタイ人の友人とアパートを借りた。そのガールフレンドや同じアパートにいた仲間たちが料理の「先生」となる。タイの地方料理などを手伝わされたりして作り方を覚え、翌朝のお尻のひりひりとした感覚で辛さも体で覚え、一緒に日本料理（もどきのような）店に行っては、そのリアクションから食文化の違いを実感した。初めてのワサビ（と刺し身）に驚き、「耐えられない」といっていた友人が、慣れるにつれ、大量のワサビに醤油をたらし「こっちがおいしいよ」といいだしたり……。そのような日々のなかで、『食卓の文化誌』、『食いしん坊の民族学』等々、石毛直道先生の著作にも出会い、なるほど、こういう視点での文化比較というものがあるのかと覚醒した。学問であれ、ジ

写真2　カンボジア内戦時、1980年ごろ。クメール・ルージュのゲリラ基地で麺づくり

ャーナリズム、文芸の方面であれ、日常の食という虫瞰図的な視点での観察というものがあるのかと思った。視界が開けた思いで、『食は東南アジアにあり』を書いた。結局、タイには、行ったり来たり、あるいはビザの更新のために近隣諸国に出入りしたりしながら二、三年住み、それ以降もずっと食にまつわる本を書きつづけている。

『食は東南アジアにあり』森枝卓士・星野龍夫共著、弘文堂、一九八四年（のちちくま文庫）

2　調理を見て教わり一緒に食べて観察する

具体的に、食のフィールドワークとはどういうことか。何をどうしていたのか。

文化人類学専攻の学生時代、フィールドワークは必須で、奄美に行ったし、そのレポートもまとめた。それ以外にも社会心理学の調査や、よその大学のゼミにまぎれこんだりして、あちらこちらの田舎に行った。調査法は学んだ。とはいえ、親族組織や祭祀云々というような調査しか知らず、自己流というしかないようなものだった。

どういう食材が使われているのか。

どういう調理法で、どこに特徴があるのか。

近隣諸国、あるいは同じ国のなかでも地域による特徴、違いはあるのか。

どのように盛りつけるのか。

どのようにして食べるのがふつうなのか。

だれと食べるのが一般的なのか。

そのようなことを知ろうと思ったら、レストランではどうしようもない。もちろん、それはそれで大事ではあるが、まずは家庭だ。基本は家庭料理だろう。というわけで、どうしたら、家庭料理にありつけるかを考える。前述のようにカンボジア人、タイ人と同居していたときは、その調理を見て、教わり、一緒に食べて観察する。そのうえで、それ以外はとなると、とにかく、家庭、とくに台所に潜りこまないとどうしようもない。

タイではとりあえず、友人関係だけでどうにかなった。住んでいたアパートのあたりだけでも、ずいぶんといろいろな食卓、台所を見た。一緒に食べさせてもらった。地方も、たとえば、友だちの友だちというようなところで紹介を受けて訪ねて、受け入れてもらった。

最初の食の本、『食は東南アジアにあり』などで少し有名になった写真がある。僧侶たちが托鉢《たくはつ》で集めてきた料理を囲んで食べているというカットである（写真3）。熱帯の豊穣、タイの豊かさをある意味、象徴するようなカットであるが、これなど、ABC放送の取材チームの運転手、ピー・サノックが何かの法事で実家のあったところへ行くというので、連れていってもらって撮ったものだ。そのような関係がなければ、撮らせてもらえなかっただろう一枚である。

タイはそのような感じでずいぶんとまわったが、それ以外の国々はコネクションがない。しかし、ビザは三か月。そのたびに近隣諸国に出ては、まわった。バンコクで世話になっていた新聞、

写真3　タイ、バンコク郊外の農村の寺院の僧侶たちが托鉢で集めた朝食

テレビで紹介してもらい、まずは近隣諸国の支局を訪ね、そちらでまた紹介してもらう。あるいは、ある日本企業のタイの現地法人に知人ができたので、近隣のそれぞれの現地法人のスタッフを紹介してもらった。そのようにして現地スタッフ、あるいはそのまた家族、友人等々に頭を下げて、家庭を訪ね、料理を教わった。

その際、とりあえずは市場に一緒に行く。買い出しから見る。売っているもので、見知らぬものは「これは何?」という単語だけはそれぞれの言語で覚えておいて、聞く。メモる。そして、料理するところを見ながら、また、調理道具、食材、調理方法について質問をくり返し、一緒に食べて……。

当然ながら、実際に食べるところまでのプロセスは市場からずっと写真に収める。基本的にはカラー。スライド。デジタル化されたいまとは違い、フィルム代、現像代が馬鹿にならなかったが、これだけはしょうがない。いまなら何十枚も撮るようなところでも、数枚という感じではあったたか。

つくっている現場を訪ねる。話を聞き、写真に収める。そんなことをくり返した。手に入るだけの調理書(英語のものがいくつかあった)を手に入れた。現地の日本人会の婦人部等でつくった「フィリピンに学ぶ……」といった印刷物、ガリ版刷りなども集めてまわった。

ビザは三か月
当時、正規の駐在員には一年というような長期のビザが出ていたが、わたしなど、いわばモグリだったので、ビザのために出入国をくり返した。三か月のビザはタイ政府発行のプレスカードを見せたら取れたのだったか。ともあれ、そのビザ更新のために、近隣のビルマ(現ミャンマー)、シンガポール、マレーシア、インドネシア等々を訪ね、そちらの取材もすることになる。

3 食への興味

食について興味関心をいだくようになったのは、ここまで書いたような経緯だが、そのなかに、ひとつのきっかけがあった。週刊朝日百科『世界の食べもの』である。石毛直道、**辻静雄**、**中尾佐助**のお三方を中心につくられた食の百科のようなシリーズである。当時あった『アサヒグラフ』のような形（A４の横幅が少し伸びたような）で三二ページ・全一四〇巻。別売のファイルでまとめたら一四巻の「百科」になる。いまもって、これを越える食の百科といえるようなものは他国をふくめて生まれていないと思うが、これがつくられている時期が、ちょうど東南アジアに住んでいたころだった。

『食は東南アジアにあり』を一緒に書く、星野龍夫さんがラオスなど東南アジアの一部を執筆した。彼は非常勤で、東京外語大などで、ラオス語を教えたりした以外は、どこにも属しなかった市井の研究者だったが、言語の天才といっていいような人物だった。何しろ、ラオス語の教科書を英語で書き、タイ語、マレー語などの小説を翻訳したりしている。何か国語できたか。とくにラオスとタイには長く住んでいたので、このシリーズでも執筆の依頼があったようだ。夫人の星野昌子さんが難民救援のボランティア団体の事務局長を務めていたことから縁ができた。自分が書く部分の写真を撮らないかとも誘ってくれ、一緒に歩いたりした。

思えば、食の写真をテーマとして撮ったのは、そのときが最初だった。いまとなっては恥ずかしいような写真であるが。料理写真というものは、スナップ的な写真とはまったく別物である。そのような経験は積んでおらず、その後の独学と、自分で料理をつくり本にしたから、新聞雑誌の依頼で料理をつくるようにもなり、それを撮影する写真家に教わったりしたものだった。付け焼き刃というか、現場で覚えたというか。

『世界の食べもの』がきっかけとなって、星野さんと一緒に本をつくろうというような話

辻静雄、中尾佐助
お二人の著書にもたいへん影響を受けた。とくに中尾先生の『料理の起源』には、多くの示唆を受けた。

にもなった。蛇足ながら、文庫ではないオリジナルの『食は東南アジアにあり』の巻末には、各国語対応の用語集をつけている。星野さんの労作だが、当時としては画期的なものだと自負している。わたし自身、この表のコピーを持参して歩いたりした。東南アジアの言語の食材、調味料等についての辞書など、ほかにあるはずもなかったから、このコピーを見ながら、何がなんだか確認しつつ、覚えていったのだった。

以下、わたしが実際にどのような旅をしているのか、メモをもとに再現してみた。後述するように、旅の記録は音声データにメモを放りこんで、必用な部分だけ書きだすことが多いのだが、真面目にメモをつくっていた旅があった。アジア関係のある財団が、調査名目で予算（と一緒に研修にいくスタッフ）を出してくれたものだ。一九九三年のベトナムの旅であるが、旅のやり方は基本的に変わらないので、参考までに。お金の両替レート等は当時のままである。

Ⅱ ベトナムでの食のフィールドワーク

1 一九九三年ベトナム三月二日

旅先では、とくに最初の朝など、どうしても目覚めが早いものだ。まだ六時だ。

写真4 ベトナム、ハノイの路上の屋台

せっかくだから、近くの朝の雰囲気を見てまわる。昨夜は気づかなかったが、けっこう街の中心だ。隣に公会堂風のホール。人通りの多いほうに向かって、ちょっと歩いたら、ハノイ駅だった。

屋台というか、低いテーブルに、お風呂の椅子みたいな低い椅子を並べた店が、路上のあちこちに。とくに麺の屋台が多い。客も多い。いかにも通勤途中という感じの男たちが（なかには女たちも混じって）、麺をすすっている（写真4）。点心みたいなものの店や、ご飯に何かおかずをのっけて、という店もあって、どこもそれなりに通勤途中風の客がいる。なかにはお茶（紅茶ではなく中国風の）、あるいはコーヒー専門の屋台もあり、食事屋台のあと、そちらに移動して、朝食の後の一服といったふう。

東南アジアの都市部では一般に、自炊よりも外食という傾向が強く、とくに屋台が（日本や韓国では屋台といえば、一杯飲むのがメインなのに対して）、食卓か台所がわりといえるほど、気軽に食事に利用されているという印象を受けるのだが、ここハノイもその例外ではないようだ。

ハノイ特派員の友人に紹介してもらった、通訳のフォンさんと八時に宿で合流。さっそく、ぼくらも屋台での朝食を試してみる。ものは、米でつくったうどんみたいなもの。一応、ベトナム語の綴りからはフォーと表記すべきだろうが、フォーとファーのちょうど中間くらいのつもりで発音すると通じる。

鶏のだしに、鶏肉か牛肉の具がのっているセットがあり、鶏のほうを注文した。これにも、生卵を割り入れたのと、卵なしがあった。なしで四〇〇〇ドン、入りで五〇〇〇ドン（以後、一万ドンを一ドル換算）。つまり、五〇円前後ということだ。

そんな値段だというと、日本人はつい「安い」と唸ってしまいがちだが、物価はそこの収入などの文脈でみないと意味がない。日本人にも狂気としか思えない、銀座の飲み屋の「座っただけで何万円」という世界も、社用の接待交際費やら、税制などの絡みで存在しうるのだというシステムまで理解しないと、「日本は物価が高い」の単細胞的サンプルにあげられるだけになってしまう。住宅や教育がほとんどただで保証されている社会主義国での給料と、日本のそれを単純に比較しても意味がないはずだ。そういったことと、この麺の値段の話も同じだ。

通訳のフォンさんに聞くと、公務員などふつうの月給が一〇万ドンから三〇万ドン、つまり一〇ドルから三〇ドル程度なのだという。ということは、いくら五〇円だといっても、収入のほうが一〇〇〇円や三〇〇〇円といったところなのだから、この麺を何十杯で月給が消えるってことだ。いくら住宅なんかは日本ほどではないだろうと思っても、屋台の麺が五〇〇〇円や一万円の感覚ではないか。それはあんまりではないか。それで経済は動くのだろうか。生きていけるのだろうか。

そんなことを考えながら、麺をすすり、周囲を見わたすと、それにしても、えらく皆気軽に食している。少なくとも、一万円のフランス料理あたりのコースを一大決心で、奮発する風情ではない。ぼくらがソバやラーメンを食べるのと同じような感じなのだ。この金銭感覚と収入、物価水準はどうなっているのだ、謎である。気にかかる。

金のほうに関心がいってしまったが、麺自体の味は、けっこうなものだった。だしはしっかりとれていて、濃い味わいの深いスープだし、麺もほどよい腰、歯触りで、たっぷりの具も旨い。香港、バンコク、シンガポールなど屋台クラスの麺の旨いところはアジアのあちこちにあるが、ハノイの屋台もまったく負けていない。ともかくにも、五〇円の充足。

ちょっとした民家の庭先を開放したようなコーヒー屋。やはり、お風呂椅子の高さに座り、すすったコーヒーは練乳入りのそれ。東南アジアでよく見かける、濃くて甘いコーヒー牛乳みたいなもの。

路上の屋台のお茶屋。中国茶というと、烏龍茶みたいな半発酵茶が有名だが、中国全体としては、日本茶のような発酵させないで処理している緑茶がじつは一般的なのである。ハノイのそれも緑茶である。もっとも、日本茶とまるっきり同じということではなく、何かしら説明困難なものだが、違いを感じる。ハノイのお茶も緑茶とはいっても、日本のものより中国の緑茶にちかい感じだ。二〇〇ドン。

どこの街でも、まずは市場に行く。市場がいちばん、その街の暮らしが見えるところだと思うからだ。どうせならいちばん大きいところというと、通訳のフォンさんはほんとうに巨大な市場に連れていってくれた。ドンスアン市場（写真5）。あちこちで大きな市場は見たが、それにしても、これほど巨大な市場は知らないと思うくらい巨大な市場。それも、大体育館的建物に納まっているんだから。建物の中が乾物やお菓子、米や豆などの類、それに衣類や雑貨が、それぞれのコーナーに集まっている。外では、肉や野菜、果物などの生鮮食料品売り場が広がっている。

写真5　ドンスアン市場

まずは市場に行く

「わあ、すごい」で終わらせないために、その土地の基本的な食文化を勉強していくことが大事だ。ある程度知っていたら、わけのわからないものも想像がつくかもしれない。最近はネットで検索も容易だから、とりあえずは「これは何？」というような土地の言葉を仕込んでおき、それをグーグルなどで検索したらすぐにわかるだろう。

2　市場とレストラン

品揃えについては、東南アジアや中国の市場を見慣れた目には、それほどの驚きはない。種類も量も豊富だなとは思うが。ただ、東南アジア

写真6　ベトナム各地の市場で撮影したもの。何が売られているか、食材のバリエーションは、売り方は、とさまざまな件でメモがわりに撮る。カンボジア、ラオスと同じくフランス植民地の名残としてバゲットがあること、生きたままの動物が食材として売られていること等々

の市場ではあるにはあるが、それほどの存在感でもない中華系乾物、たとえば干し椎茸などがけっこう目立つ。他の東南アジア諸国では、いかにも中国人向けという存在が、ハノイではもっと一般的で、中国（的食文化）がもっと身近なのだ。

「ゲテモノ」的なもの

中国に共通する雰囲気、その最たるものがヘビである。腕よりも太い巨大ヘビがいっぱい生きたままで売られていた。ヘビを食べることは、東南アジアではそれほど珍しくはないかもしれないが、「ゲテモノ＝物好きだけの食べ物」という感じのところが多いように思われる。が、ハノイはもっと市民権を獲得しているみたいなのだ。「四本足で食べないのは机と椅子」といわれる広東あたりの感じがある。

フランスパン（バゲット）

テリーヌとハムの中間のような「ジョー」、「チャー」などと一緒に、ローカルな食材みたいにふつうに売られている。かつてフランスの植民地であったことをいちばん感じさせるのが、このバゲットである。

漫画

子どもが売り歩いていた、薄っぺらな漫画本が『ドラえもん』。ちょっとしたブームらしい。そういえば、タイで一〇年ほどまえ、大ブームになったことがあったが、一〇年遅れでベトナムまで到着したということか。当然ながらベトナム語に翻訳されているわけだが、そのもとはタイ語版だとか。

子ども

売りものとは関係ないけれど、驚いたのが、平日の昼間だというのに、市場周辺でやたらと子どもたちが遊んでいること。学校の収容スペースが追いつかず、午前と午後の二部制になっていて、そのためということもあるらしいが、小学校に通っていない子どもも多いらしい。正確な数字ではないが、地方では半分くらい、都市部でも二、三割は未就学ではないかという話も教育関係者から聞く。崩れつつあるとはいえ、まったくなんのための社会主義体制なのか。同世代の親としては、聞くだけでせつない。

市場のあちこちで見た物価は、ヘビ＝キロ四万ドン（ばら売りはしないようだが）。豚肉＝キロ二万ドン。米＝キロ三〇〇〇ドン前後（少しまえまで、政府価格の五〇〇ドンなんてものもあったようだが、いまや市場価格のみ）。『ドラえもん』の漫画本＝三五〇〇ドン。物乞いに＝五〇〇ドン。ミュージックカセット＝八五〇〇ドン。路上の散髪屋＝三〇〇〇ドン。シクロ（三輪自転車のタクシー）＝市内のちょっとした移動で、交渉、五、六〇〇〇ドン。

昼食はちゃんとしたレストランに連れていってもらう。「75」という名のそれは、昔の豪邸をレストランにしていて、住宅地にあった。客はさすがに外国人（英語を話していた欧米人や香港人、台湾人など）といかにもこの国の偉いさん、バブル族などなど。

メニューも一般的な料理をと、フォンさんにまかせたら、登場したのが以下のとおり。

①野菜のスープ
②カニの甲羅詰め
③ビーフステーキ、フライドポテト添え
④タニシのひき肉詰め
⑤白いご飯
⑥豚ひき肉のさっぱりしたスープ

①と③はまるっきりの洋食。諸々の野菜を小さい賽の目に切って煮た鶏のスープは、フランスあたりでもよく食べた味そのものだったし、③などまるっきりステーキそのまま。それ以上でも以下でもない。ちょっと硬いかな、くらいの感想。
そういうと、

「でも、これはベトナムでは非常によく食べられるものですよ」

フランス料理を越えて、一般化したちょっとしたご馳走なのだと。家でつくるということはあまりないが、外食といえば思いつくのがステーキという感じなのだとも聞いた。
②はカニの甲羅に身を詰め、揚げたもの。中国でも、タイでも同じようなものを食べた覚えがあるが悪くない。少々似た発想の料理が④。タニシの殻の尖った部分に穴をあけ、レモングラスを刺し、さらに豚ひき肉をそこにかぶせ、蒸したもの。レモングラスの爽や

ちゃんとしたレストラン
その国、その地域の食文化がどのようなものであるか、理解するためのフィールドワークとしては、とりあえず、土地のいちばん高級なレストランから庶民的な屋台のような場所まで、意識して食べ歩くことにしている。加えて、できるかぎり、家庭料理も。このようにガイド、通訳に依頼するだけでもどうにかなる場合が多い。理想的には家庭料理も庶民から富裕層のそれまでコネクションを見つけて食べ歩くことだ。できれば、料理するところから見せて教えてと頼むのはいうまでもない。

かな香気が、肉やタニシに合わさって、なかなかの珍味で、いい酒の肴だった。

3　家庭料理

夕方からは、フォンさんとは別ルートで紹介されたホアさん宅へ。家庭料理を教わるという口実で、暮らしぶりとレストラン料理とは違う家庭の味を知るためだ。ホアさんは偶然ながらフォンさんの同級生だった。このふたりの日本語使いのライフヒストリーは料理以上の驚きだった。

ふたりとも、一九六七年から七三年まで北朝鮮（朝鮮民主主義人民共和国）に日本語の勉強のために滞在していたという。ちょうどベトナム戦争真っ盛り、いわゆる北爆（ベトナム戦争中、アメリカ軍の北ベトナム爆撃）の最中だ。そんな時代に敵国アメリカの子分というか、よくいって同盟国である日本の言葉を勉強するとはどういうことだったのか。同窓生の感慨を聞きながら、そんな疑問を呈すると、国家の上のほうからの命令で、「きみは将来のために日本語を勉強してきなさい」ということだったらしい。フォンさんはハノイの外国語大学の日本語の先生となり、ホアさんは社会科学の研究所で日本民俗学の研究者となっている。ベトナム戦争が終わって、日本との関係が修復したあとは、交流基金などの招きで何度となく日本を訪れ、日本でさらに日本語および日本文学、日本研究を重ね、現在にいたっている。

さて。料理である。ホアさんの研究所で日本語の古典を勉強しているというグェン・

チ・オァンさんと図書館員であるダン・バオ・カウンさんが手伝ってくれて、並んだのが、以下のとおり。

①茹で野菜
②①をつけて食べる味噌
③野菜スープ（①の茹で汁）
④揚げ豆腐
⑤カブのスープ
⑥揚げ春巻
⑦小エビ炒め
⑧キュウリ、モヤシ、ニンジンなどの和えもの
⑨豚肉、野菜入りのオムレツ
⑩鯉の空揚げ、トマトソースかけ
⑪牛肉、野菜炒め
⑫ナスの塩漬け
⑬ベトナム風ハム
⑭茹で鶏

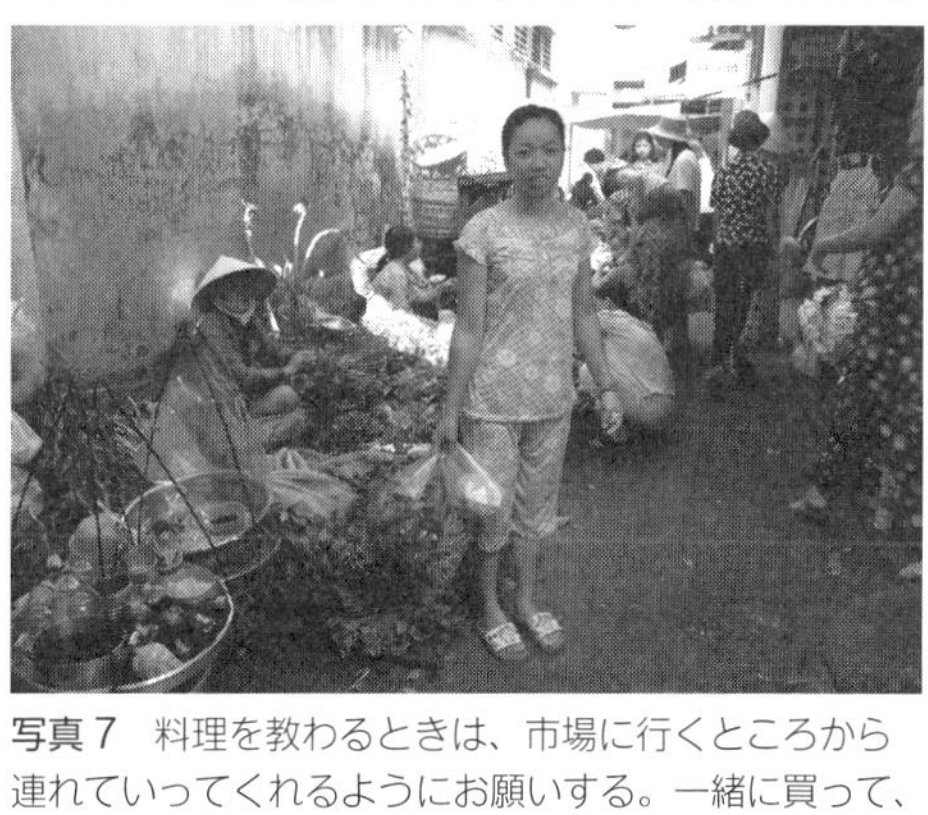

写真７　料理を教わるときは、市場に行くところから連れていってくれるようにお願いする。一緒に買って、値段を確認し、料理のプロセス、食事はどのようにして、だれと……とチェック

まあ、よくもいろいろとつくってくれたものだが、このなかで、①から④までが、農村などのどちらかというと、庶民の一般的な食事のコンビネーション。肉は使われておらず、庭先にあるような野菜と、タンパク源としての豆腐、あるいは味噌の類だけ。スープだって、要は野菜を茹でた汁を塩味で整え、レモン汁を絞って加えただけのものだ。

なるほど、これが豊かではない庶民の食事なのかと感心はするものの、正直にいって、旨いとはお世辞でもいえない。日本のかつての庶民の食生活も、調べてみると同じようなもので、ご飯（雑穀混じり）と野菜、それにタンパク源としては味噌の類くらいのものである。味も多分、似たようなものだったろうと、食べながらほろ苦く思った。揚げ春巻や茹で鶏は、接客用のご馳走の代表。⑤のカブのスープは、③の野菜スープと違い、鶏や豚の骨でちゃんとだしをとったもので全然違う。ご馳走パターンを食べると、たしかにベトナム料理はタイ料理とならんで、東南アジアの食文化の雄だなと再確認する。

中国的な食文化の影響、あるいは日本とあまり違わないなという部分、いかにも東南アジア的な生野菜をたっぷり食べるところ（春巻など、サニーレタスに包み、ミントなどのハーブを添えて食べる）など、さまざまな要素を再確認する。アンズの酒も出してくれ、それで料理を肴に一杯、と楽しんだのだが、この酒が梅酒そのもの。見た目はまるっきり日本のナスとは違うものの、味はナスの漬物そのものである一品などかじりながら、「梅酒」をすすると、やっぱり東南アジアのなかでも日本にちかいのかな、などと満腹のお腹をさすりながら、考えてしまうのだった。

宿へのもどりはオートバイの後部座席で。タクシーが街をながしていることはなく、シクロに乗るか、車をチャーターするしかないのだ。そこで、彼らがオートバイで送ってくれたのだ。土地の人間の目の高さから眺める、夜のハノイはけっこうにぎやかだった。オートバイと自転車がいっぱいで、商店街もにぎわっていた。

4 ベトナム三月三日

朝から車をチャーター。まず麺の店へ。「ブン」というフォー同様、米でつくった麺で、腰のないこちらは素麺みたいなもの。干し椎茸の千切りがのっていて、だしも椎茸がきいていた。中華的、アジア的な味わいだが、少々、懐かしい味でもある。干し椎茸のだしで、千切りの椎茸と油揚げを具にのせた精進料理の素麺が、うちの親戚の命日では必ず登場したのだが、それを思い出した味だった。フォーよりちょっと高くて、卵なしが七〇〇〇ドン、入りが八〇〇〇ドン。

その後、「ベン・クォン」という生のクレープみたいなものを試した。布をはった蒸し器の上に米粉を溶いたものを広げて、蒸すと半透明のクレープ状に固まる。これで具を包み、たれで食べる。中国の飲茶に登場する点心に通じるが、やはりベトナム的な旨さがある。

おもしろかったのは、タイのメンダー（タガメみたいな虫を乾物にしたもの）と同じようなものがあって、蝦蟇《がま》の油よろしく、そのエキスをたれに加えるのだ。精力剤みたいなものらしいが、エキスを入れないものが一人前四〇〇〇ドンなのに、一滴で二〇〇〇ドン増しだ。ほかに漢方みたいな、わけのわからない諸々の乾物も並んでいた。漢方同様の精力剤的発想が、この国でも好まれるらしい。

お腹がふくれたところで、郊外の農村地帯に出かけた。二、三〇分も走るとすぐ郊外に出て田園風景が広がっている。ひたすら水田が続く。ハノイのあたりの水田耕作は、二〇〇〇年以上の歴史があるらしい。あとで行く南ベトナムのほうとは米作の歴史が全然違うらしい。つまり灌漑設備の歴史も、生半可なものではないようだ。

延々とどこまでもまっすぐに延びる水路。そこから水がひかれた緑の整然とした水田。見ていると、二〇〇〇年かどうかはともかく、たしかに長い歴史があるに違いないと実感する。長い年月に培われたと思われる秩序を感じるのだ。水田風景が美しい。国道沿いの村々にも、市が立っていた。そのいくつかを車を止めてのぞく。あるいは、村の細い道を走りまわる。そんなことをくり返した。

最初に気づいたことが、市場の売り手にプロとアマが混在していることである。肉や乾物などプロの商売人が職業として店を開いている一方で、農家が庭先の畑でできた野菜などを自転車の後ろに積みこみ、現金収入を得るため出てくるというのも少なくない（写真

写真8 ハノイ近郊。最近はようすもずいぶんと変わったようだが、当時の農村の市場はこのような感じだった

8)。値段を確認したところ、トウガラシが郊外の市場では一〇〇グラム三〇〇ドンくらいに対して、ハノイ市内の市場にいくと、一〇〇〇ドンくらいになってしまうという。野菜など、ほとんど半額か、それ以下である。対して、肉などそれほど違いはない。豚肉一キロ一三〇〇〇ドンが街では一六〇〇〇ドンくらいになる程度。プロの世界と化している肉屋など大差ないが、郊外ではアマチュアの世界なのに、都市部に行くと流通の問題でプロの世界に組みこまれてしまうということではないか、と思われる。

それにしても、どんな田舎の路地裏に行っても、店というか、何か売って収入を得ようという姿勢に出会う。

「商売やっている人は金持ち、やっていない人は貧乏、だから、だれでも皆、商売する」フォンさんはそんなことを呟いた。簡潔にして要を得たひと言。そんな精神で皆が皆、市場経済のお勉強を一生懸命やっているという感じだ。こういうプロセスを経て市場経済も理解されるのか、と思う半面、バブルと同じじゃないかという気持ちも離れない。

昼食は手ごろなところが田舎では見つからず（外食が一般化していないのだと思われる）、ハノイまでもどる。

①チャーガー。ブンという米の麺に、客の前に置かれた鍋で加熱した雷魚、野菜などをのせ、混ぜて食べる。老舗で名物の店らしいが、たしかに新鮮な旨さだった。

②ブンチャー。こちらもブンという生麺に、たれにつけて焼いた牛肉と生野菜を添え、食べるもの。一人前五〇〇〇ドンだったが、肉の量を考えたら、安い。そして、どちらも慣れ親しんでいるようで、新鮮。旨い。

それにしても、米の国であるとつくづく思う。今日、朝から食べている「麺」がどれも、米からつくられたものだ。

夕食はフォンさんの家で。親族一同が集まって、料理してくれた。前夜のホアさんちの気のきかせ方を一緒に見てしまったもので、同じようなことをやってくれた。

一般的な食事に登場するもの

①豆腐炒め、トマトソース
②茹でた豚の腸とレバー（エビの塩辛をソースに）
③春菊のスープ
④米の麺（ブンにタニシのスープをかけ、ちょっと高級というか、ご馳走）
⑤未熟なパパイアのサラダ
⑥茹で鶏肉、モヤシ、キュウリなどの和えもの
⑦豚の皮、干しエビなどのスープ
⑧干し椎茸のスープ
⑨揚げ春巻
⑩茹で鶏
⑪家鴨の具詰め蒸し

写真9　ベトナムでやっていたのと同じようなキッチンの「取材」は、ほかの世界中の国でやっている。こちらはミャンマー、ヤンゴンの家庭

ここでは、①から④がセットということではない。庶民的な食事でよく登場するものということだ。タンパク源といえば豆腐か内臓関係ということらしい。④の麺はあんまり豊かではない人びとの朝食でよく食べられる。タニシの茹で汁にトマトと酒粕を加えたスープをつくる。エシャロットをキツネ色に炒めておき、ブンという素麺風の米の麺にエシャロットと身をとり出しておいたタニシをのせ、スープを注ぐ。タニシからよくだしが出て、酒粕の風味もきいて、なかなかの美味。全体に中国的だなと思われるもの半分、東南アジア的半分。とくに、⑦のスープや⑪の家鴨の蒸しものなど、漢方的、薬膳的、つまりは絵に描いたような中華世界があり、たっぷりと生野菜の世界がある。

ひたすら食にまつわるあれこれを見て、食べて、という旅はいまも全然変わらない。

ガイド、通訳に雇った人物に、自宅で料理を教えてもらうということもやっており、これもずっと変わらない。ブータンやモンゴルなどでは、旅行社（とくにその方面を専門にしているようなところ）で、予約の際にくわしく、希望をいえばアレンジしてくれる。一般の民家に泊まりたいとか、遊牧民のゲルに泊めてもらってその生活を体験するとか、ふつうに受けつけてくれるはずだ。多くの国では、そのような旅の手配はしていないかもしれないが、ガイド、通訳を

写真10　右ページと同じく、こちらはカンボジア、シエムリアップの家庭の食卓

雇っていたら、現地で何を見たいと打ち合わせをする際に、家を訪ねたいといえば、たいていは大丈夫だ。まあ、先につてをたどるほうがよいとは思うが。

Ⅲ　デジタル時代の取材、調査術

1　フィルムからデジタルへ

下の写真をご覧いただきたい（写真11）。

フィルムの時代であれば、このような写真を撮影するためには、両肩に担ぐだけの機材で足りたかどうか。プロ用の一眼レフ、ニコンかキヤノンのフラッグシップを最低、二台。それにレンズも五、六本。ストロボがアマチュア用の小さいもの（カメラに載せるような）では足りない。一二〇〇wの本体とライト部分が分離しているものにアンブレラだのデュフューザーだのつけて……。三脚やスタンドもそれ相応のものとなる。そして、当然、相当量のフィルムを持参する。

二、三週間からひと月ほどの旅で、持参していたフィルムは最低でも一〇〇本ほどだった。箱に入ったままであれば、トランクなどの場所を占領する。ふつうのトランクで半分近くのスペース

写真11　このような写真は、かつてはプロ用の多くの機材を駆使して撮っていたものだが、いまやちょっとした道具立てで……

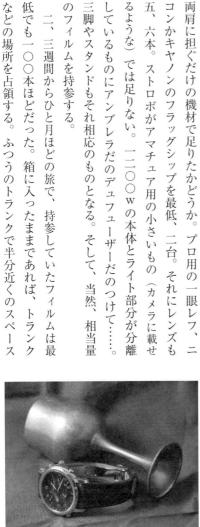

をとられてしまうので、旅に出るまえにフィルムを裸にして、一〇〇フィート巻きのフィルムが入っていた缶に詰めたものだ。こうすると一缶に一一本だったか、半分ほどのスペースになる。海外の取材、調査なら、さすがに大型のストロボは持っていかなかったが、それでも、カメラ関係だけで大荷物になった。

ところが、これらの写真を撮ったとき、持っていった道具は小振りのリュックに収まった。デジタルカメラになったから……。

かさばるフィルムはなくなった。メモリーカードの類は予備をふくめてもしれたものである。ちょっとの撮影なら三二GBもあれば十分だろう。ISO感度も、そこそこ高めにしても対応するし印刷にも耐える。だから大きなストロボを必要としない。モノクロ用とカラー用というカメラの仕分けも、いまとなっては嘘のようだ。何より、ズームが十分に使い物になる。レンズがコンピュータを使った設計ゆえだと思われるが、昔と比較にならない。昔は望遠くらいだったが。

デジタルに乗り換えたのは、ある旅のためだった。ニューヨークのツインタワーなどが破壊された九・一一のテロの少しあと、南米に行く仕事があった。ウルグアイとアルゼンチンのワイナリーをまわるというもの。飛行機はアメリカ経由で乗り換えて、荷物の検査を受けなければならない。時期が時期だけに強烈なX線だという話だった。普段ならフィルムを出してハンドチェックという手もあったろう。しかし、ナイーブな時期だった。ややこしい事態が予想された。これがアメリカ国内への旅であれば、プロ用のフィルムも現地で調達したらいい。しかし、初めてのウルグアイにそのようなものがあるかどうかもわからない。あったとしても高価な場合もある。そして現地で現像処理ができなければ元も

九・一一
二〇〇一年九月一一日、アメリカで起きた過激派組織「アルカイダ」による同時多発テロ事件。民間航空機をハイジャックし、世界貿易センタービルへ突入、二〇〇〇人を超える犠牲者を出した。

子もない。どうやって持ち帰るかに悩むだけだ。

まさにそんな時期、デジタルカメラが実用になりつつあった。まだ一眼レフは高価だったが、それでも一〇〇万円という段階から三〇万円程度には下がっていたので、清水の舞台から飛び降りる気持ちで購入した。この時期はまだ、仕事によってはフィルムとの併用ということもあったが、じきにもどれなくなった。趣味ならよろしいが、仕事としてはもうデジタルしかない。

『デジカメ時代の写真術』という本を書いたことがあった。増刷のたびにあれこれ書き直したが、やがてあきらめた。画素数であったり、対応するＩＳＯ感度等々についての注釈が必要だろうと判断したからだが、もはや、そういう説明も必要なくなったということだ。

『デジカメ時代の写真術』日本放送出版協会、二〇〇三年
生活人新書セレクションとして電子書籍版が出ている。

2　写真中心の調査の道具立ての鉄則

現在、一般的に販売されているようなデジタルカメラ、そして、写真を中心とした取材、調査の道具立てについてふれておきたい。

どの道具であれ、いちばんの鉄則は「複数持っていく」ということである。

フィルムの時代、ヨーロッパ各地をまわる仕事の途中で、レンズ交換の際のまちがいだったと思うが、髪の毛が入ってしまったことがあった。それ以降のカットに全部、大きな線が入っている。これでは使い物にならなかったが、幸いもう一台で撮っていたものでどうにかなった。

デジタルの場合はすぐに確認ができるからトラブルは少ないが、それでも予備がないと

あぶない。レコーダーのようなものも同じだ。その意味で、いま、何より大事なのはスマートフォンである。ＳＩＭフリーで、行った先の国でも使えるものを用意する。

スマートフォンはカメラとして、レコーダーとして、あるいはそれ以外の用途として使える。もはや、これ抜きには考えられない。

ただし、スマートフォンが時として使えない場合もあるので、その覚悟は必要である。先だっても、ウガンダからエチオピアとまわり、それぞれの国でＳＩＭを買い、当初は問題なく動いた。ウガンダではまったく問題なかった。電気のないところに行っても問題なかった。エチオピアでも当初は問題なく使用できたが、ある地方都市に飛んだところでネットにつながらなくなった。あとになり、その地域で暴動が発生していて、その関連で当局がネットをつながらなくしていたということが判明した。国によっては、フェイスブックやツイッターのようなＳＮＳ、あるいはグーグルのメールなどは、規制・封鎖の対象になることもある。そのあたりは確認のうえでということだろう。どのような対策ができるか考えておくべきだろう。「方策も二重三重に」ということだ。

カメラとしてのスマートフォンは、よほど安物でないかぎり、最近のものであれば使い物になる。いちばん大事なことは設定で、ファイルはもっとも大きなものにしておくこと。ネットで見るだけとか、送ることなど考えると、軽いデータのほうがいいが、こと印刷物にしたり紙焼きをつくったりすることを考慮するなら、データは大きいに限る。ＲＡＷデータの必要はないと思うが、ＪＰＥＧでもいちばん大きいものにしておく。これで光線状態が悪い、つまり、逆光だったり、暗すぎたりしない限りは、論文やレポートに貼りつけるくらいのものであれば、不自由はないはずだ。

スマートフォンのカメラでもうひとつ重宝することはスキャナがわりになるところ。たとえばCamScannerというアプリがある。斜めから撮っても台形にならず、ちゃんと紙の形に補正してくれる。ものによってはさらにOCRをかけられるものもある。これでメモなど撮り、さらにそれをEvernoteなどのクラウドに上げておくと、データ紛失の心配がなくなる。これとは別に、キングジムという会社の、SHOT NOTEというノートを使って、当社のサイトにある専用アプリをダウンロードしておけば、同じようなことがより効率的にできる。

3　わたしの取材調査道具

カメラ

フィルムの時代からずっとキヤノンを使っていた。デジタルになっても当初はキヤノンを使っていた。ところが、あれはアメリカ、オレゴンの空港だったか、飛行機に乗ろうとして立ちあがったところでぎっくり腰になった。機材の重さに耐えられなくなった。

デジタルカメラの規格には、受光素子のサイズから、フルサイズ（三五㎜フィルムのサイズとほぼ同じ）からひと回り小さいAPSc、そして、それより小さいマイクロフォーサーズ等がある。コンパクトカ

写真12　上がオリンパスE-M5に12-100mm/f4と防水のTG-4。右のレンズ群で、35mm換算で18～420mmという、ほぼなんでも撮れる軽量のセット

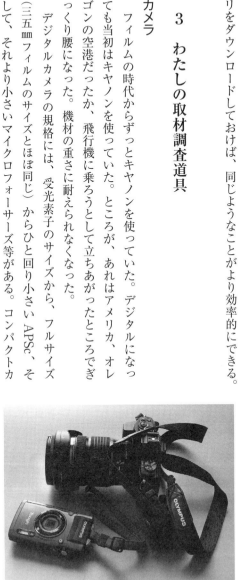

メラやスマートフォンはさらに小さい。ぎっくり腰で懲りてから、あれこれ試してみて、落ち着いたのがマイクロフォーサーズという規格だった。いまはオリンパスをメインに使っている。単純比較はできないが、キヤノンやニコンのフルサイズに、プロ用のレンズを超広角からそれなりの望遠までセットで持つと、ボディまでいれると五キロかそれ以上の重さになる。マイクロフォーサーズという小さめ規格のオリンパスセットでは二キロにもならない。

E-M5　417g
12-40mm/f2.8　382g
40-150mm/f2.8　760g

それぞれ、フルサイズ換算すると倍、つまり24-80と80-300になる。

超広角だけはプロ用は大きめなものと、使用頻度が少ないため、9-18/f4-5.6（155g）を使っている。ほかに12-100/f4（561g）レンズ一本とその超広角でだいたいの用はすんでしまう。印刷物に利用した場合でも、いままで困ったことはない。大判のポスターにするとわからないが、これまでの経験からA４程度の本の見開きくらいまではなんの問題もない。大事な仕事、撮り逃しては困るような場合だけ、上記をひとまとめに持っていき、ボディ二台で12-100とどれか合いそうなレンズをもう一台に、というところだ。たいていの場合、ボディは二台にしても一台は緊急の予備としてトランクの中に入れておく。

STYLUS TG-4 Toughというコンパクトカメラがもう一台の補助カメラ。コンパクトカメラで完璧な防水、水の心配だけでなく、砂漠のようなところでも大丈夫だ。意外に思われるだろうが、カメラは砂が入ってしまうとどうしようもない。防滴防塵は上記のメイ

STYLUS TG-4 Tough
いまはTG-5という新しい機種が出た。新しい機能も増えたが、GPSなどここにふれているような基本的性能ではマイナスの変更はないようだ。

ンのカメラもそうだが、コンパクトカメラはとくに重視しての選択である。

加えて、このカメラにはＧＰＳが内蔵されている。

どこで撮影したのか、写真データに緯度経度を入れておくことが可能である。かつては調査地にＧＰＳメータを持参して、村に着いたところで、緯度経度を計測し、一枚めの写真はその数値を記録していたのだが、それも不要になった。

オリンパスで統一していることには理由がある。コンパクトカメラはレンズ交換などできないから関係なさそうだが、ストロボが共有できる。ストロボをたいて料理の写真を撮るのが同じ機材でできる。それも、ボディにつけてではなくリモートコントロールで。このカメラは米粒ひとつを隅から隅までピントが合うように合成して撮影できる特殊な機能がついているから、メインのレンズ交換式カメラとは別にポケットに入れている。

大型のものを使わなくなったもうひとつの理由に、「仰々しい威圧感を撮影対象の相手にあたえる」ということがある。市場や町中でスナップ撮影をする場合、ニコンやキヤノンのフルサイズの大型のものに大きなズームレンズなどつけて撮っていると身構えられてしまう。それもあって、極力小振りな趣味としか見えないようなものという工夫でもある。

バッテリー

予備のバッテリーは必須である。フィルムの時代はチャージするバッテリーを使うカメラは少なかったがデジタルでは必要だ。一時期は単三電池など使えるタイプもあったが最近はあまり見ない。とくに、一眼やミラーレスなどでは充電するタイプしかないのではないか。チャージなどできない電気のきていないようなところに行くことも少なくないから、バッテリーは大問題である。考古学者や歴史学者の仲間と通っていたラオスの山のなかの集落では、村長の家に泊まっていた。基地にさせてもらっていたのだが、彼は自家発電のシステムをもっており、彼らがテレビを見る夕方の時間だけ、数時間、電気があった。一緒に調査に行っていた仲間みんなで、タコ足にしてPCやらデジカメやら充電していた。電気のないところでは大量の予備バッテリーを充電のうえ、持ちこむか、あるいは太陽電池などのチャージができるシステムを持ちこむという手がある。

バッテリーを大量に持ちこむ場合は、飛行機の機内持ちこみについて調べておいたほうがいい。知る限りではデジカメのバッテリー程度（のサイズ）であれば制限はないはずだが、容量等について、航空会社のスタッフに誤解があったりすることもままある。

LEDライトかストロボ

フィルムの時代はＩＳＯ感度が、特別な場合をのぞくと４００がせいぜいであったから、それなりのストロボは必須であった。現在のデジカメではフルサイズであれば、ＩＳＯ６４００程度はまったく実用の範囲のはずだ。マイクロフォーサーズのミラーレスでもＩＳＯ１６００くらいはまったく問題ない。相対的にストロボの必要性は減ってはいるがひとつふたつは持っていく。

最近、便利なものはＬＥＤのライトである（写真13）。ストロボと違って、光の具合を見ながら撮影ができるので、これもあると便利だ。車一台を照らすというような、大規模な撮影には不向きで、まだ、ストロ

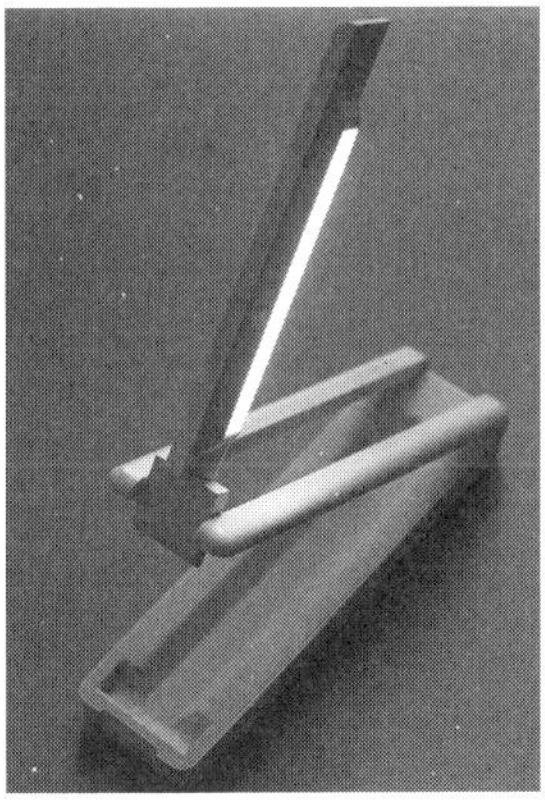

写真13　LEDライト

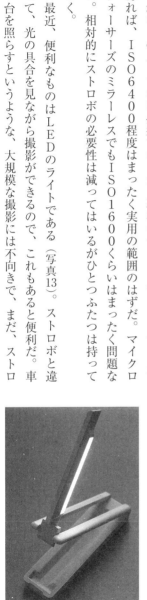

ボのほうがいいかもしれないが、料理を撮るくらいなら、ＬＥＤライトのほうがいいかもしれない。探すと安くてコンパクトで使いみちがあるものがけっこうある。

レフ板

映画等の撮影現場でおなじみのレフ板といえば大げさだと思われるかもしれないが、簡単につくることができる。厚紙をガムテープで屏風のように二枚つなぎ（三枚でもいい）、片面に台所にある調理用の銀紙を貼りつけるだけだ（写真14）。これを光源の反対側に置くだけで写真は別物となる。人物写真でもモデルにこれを手に持っておいてもらうと、光がまわって美しい写真になる。場面によっては仰々しくなるが、ほかのお客も多いレストランなどで注目を集めて困るとか、迷惑になるとかの問題がないような状況だったら、試してもらいたい。折りたためる丸レフ板と呼ばれるものも、最近では安く売られている。これを持参するのもよい。折りたたみ式のライトボックスは、影のできないブツ撮りが可能だ（写真15）。

三脚

ＩＳＯ感度が高感度で使えるようになり、手ぶれ補正も強力にきくようになったことで、以前ほどには必要性は高くなくなった。わたしは、まったく使わなかった旅でも小型は持っていっている（写真16）。以前のような機関

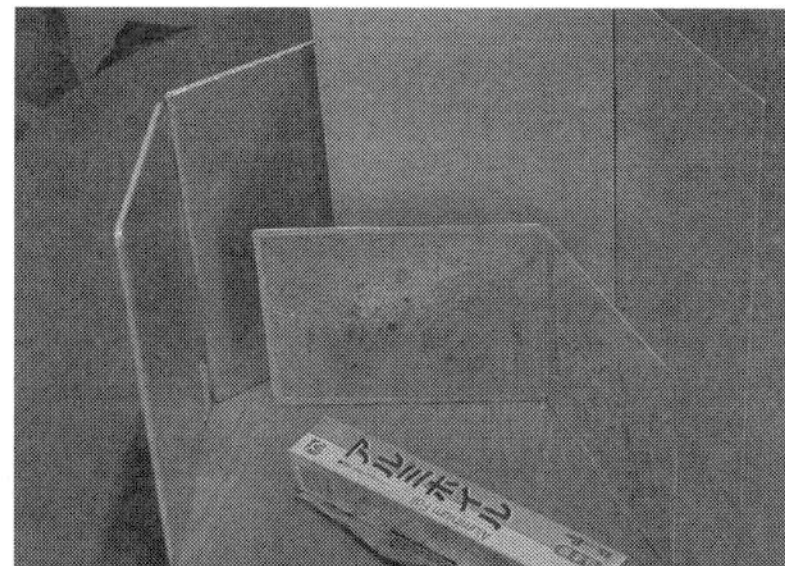

写真 14　アルミ箔を使った簡易レフ板

写真 15　折りたたみ式ライトボックス

銃の台座のような大型（フランスのジッツオという三脚メーカーは銃座から開発していているらしい）は、もうお役御免だ。三脚を持ち歩くのがめんどうなら、適当な台の上に置き、セルフタイマーを使って撮る工夫もできる。枕のようなものがあれば、平行に置くだけでなく、カメラレンズを上下に向けることも可能だ。

バッグ

カメラ専用のバッグは、専門メーカーのドンケやロープロ、アルティザン＆アーティスト、ビリンガム等々がある。ノートPCを入れるスペースがついたものもある。先の「仰々しく大きなカメラを使わない」という話につながるが、いかにも「写真を撮るのだ」という姿は場所によっては好ましくない。治安の悪いところでは、ねらわれかねない。そういう場所では首からカメラをぶら下げて歩いたりするのも危ない。撮るとき以外、カメラはバッグに納める。わたしは、ごくふつうのリュックや一澤信三郎帆布のトートバッグ（閉じられるもの）を使用している。丈夫であればお好みでなんでもよく、そこにカメラ用のインナーバッグを入れる。インナーバッグはカメラの量販店やネットなどで手に入る。自分の機材からサイズを考えたらいい（写真17）。

市場で撮影などする場合、極力、その土地にまぎれこめるように、床屋も現地で行き、服も現地で買ったもの、と徹していた。観光客然としないよう

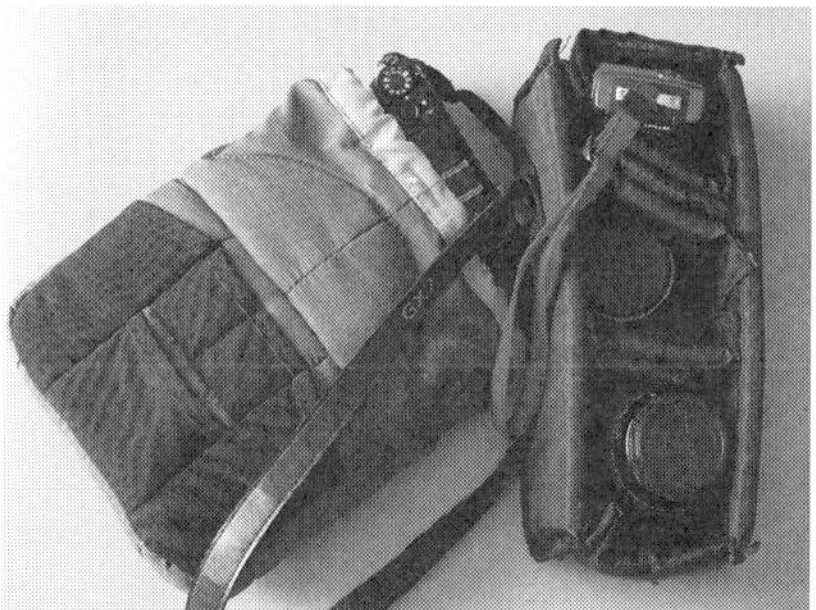

写真17　カメラバッグと見えぬように、ふつうのバッグに入れるインナーバッグ

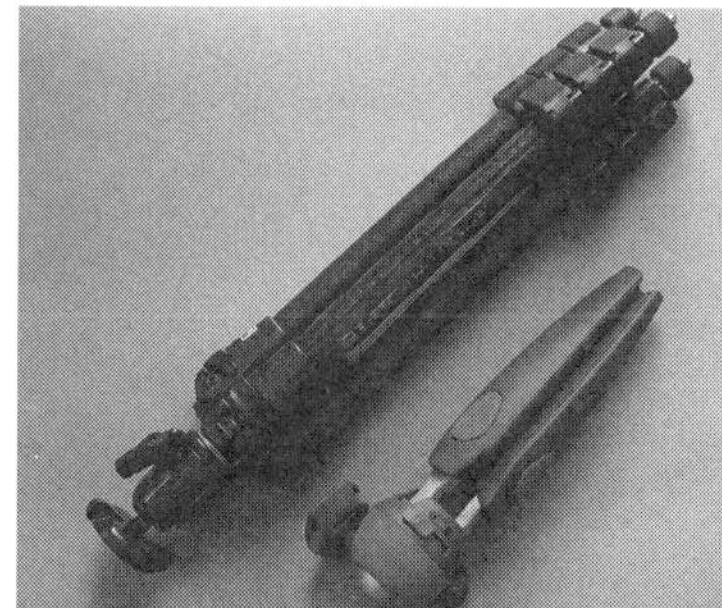

写真16　小型の三脚

にするにはどうしたらいいかと工夫した象徴がバッグである。目立たないことが基本といったが、祭りなどの撮影の場合、いかにもプロのカメラマンというイデタチだと、便宜を図ってもらえたりもする。臨機応変が大切だ。

4 撮影のちょっとしたコツ

具体的な撮影の方法については、先にふれた『デジカメ時代の写真術』という本に書いているのでそちらを参照いただくとして、ここでは食関係のコツだけ、少しふれておきたい。

レンズ、角度、光

店や家などの雰囲気、あるいは食べている家族などもふくめた写真は、広角で。料理自体は望遠系で撮る。広角は遠近感が誇張され、近くのものはより大きく、遠くのものは小さく写る。このことを意識して、雰囲気を入れて撮る。遠近感の誇張を避けたければ、真上からなど全体を並行に撮れば歪まない。

料理自体を美しく撮ろうと思ったら、少し望遠のほうが歪まず自然に写る。斜めから、食べるときに料理を眺める角度で、その視線がもっともふつうの撮り方である。たとえば盛りのすごさを強調したい場合などはもっと下から撮るなどと、必要に応じての撮り方がある。

その際、可能であれば光源は横、あるいは横後ろくらいが望ましい。その場の光で十分でない場合、LEDなどのライトなら簡単だが、外付けストロボも機種によってはリモートコントロール（内蔵ストロボをスイッチがわりにして、外部のストロボを発光させたり）できる。そして、対角線上にレフ板を置けば、立体感のある、おいしそうな写真が撮れる。先に紹介したサンプル写真（66ページ写真11）でわかってもらえるだろう。

ストロボは不必要に使わない

完全なオートにまかせると、内蔵ストロボが光ったりする場合があるが、基本的に好ましくない。カメラ側からの光はベタな光線、つまり、立体感のない平板な光になってしまう。加えて、近くだけ極端に明るく、遠方は黒くつぶれてしまう。使わないほうがましな場合が多い。ストロボを天井に向けて反射させられる場合（バウンズという）は光が全体にまわるが、内蔵ストロボだとたいていはベタな光になってしまう。あまりにも暗くてストロボなしではどうしようもないような場合は、真上から対象に平行にストロボを光らせると妙な影がついたりしない。

何を撮るのか、目的意識を明確に

下手な写真はほとんど「とりあえず、ご飯も撮っておこう」というくらいの、漠然と撮ったものだ。その撮影がどういう目的なのか（料理自体か、あるいは食べている環境か、等々）が明確であれば、そのように撮ればいい。当たり前のことだが、フィールドワーカーでも、漠然としたまま撮っている写真を（ワークショップなどで）よく見かける。文章を書くときに「漠然と」いうことはありえないだろう。写真は写ってしまうので「つい」

というものがありがちだ。考えて撮ろう、考えたら、答えはおのずから出る。

5　取材ノートのデジタル化

写真の話からは少し脱線するが、ノートふくめて、デジタル化しておくという戦略である。インタビュー等のデータも一緒のファイルに入れておく。写真、ノートなどのＰＤＦファイル、音声ファイルを同じパソコンのファイルホルダーに入れてハードディスクなり、ＤＶＤに焼くなりして、まとめて保存する。ファイルのなかに、「ショットリスト」、「場所」、「だれが」、「どういうシーンが」というような、あとになって検索をかけそうなキーワードを思いつくままにメモしたテキストファイルも、同じホルダーの中に入れておくのが理想だ。どこに何があるかすぐに見つかる。かつては撮った写真を探すことで苦労したものだった。

旅先ではノートＰＣなどでまめに整理しておき、旅からもどったところで大きなハードディスクにまとめて入れる。さらに予備の外付けＨＤＤに入れて、それでも安心できないなら、ＤＶＤに焼くなり、ＵＳＢメモリーかＳＤメモリーにまとめておく。

オリジナルのデータは、あまり細かく仕分けしないほうがよい。ウガンダとエチオピアの旅であれば、国ごとにひとつのホルダーにしておくくらい。その中に、音声データもＰＤＦにしたメモ帳、諸々の資料も全部一緒に放りこんでおく。それをベースにして必要があればショートカットなどつくって他とリンクするようにしておけばいい。オリジナルは動かさないことが基本で、全部ホルダーに入れておきコピーもつくっておく。

データは、基本的にはノートをとるべきである。音声データは再生にそれなりの時間もかかり非効率である。わたしのように写真を撮ることを優先させると、ノートとりを撮影と並行しておこなうのは難しい。時間がとれない場合は、音声でメモがわりにしておく。いま使っているのは、ボイストレックＶＰ‐10（オリンパス製）で、予備にスマートフォン（レコーダーアプリが入れてある）。さらに以前使っていたサンヨーの古いＩＣレコーダーも持っていく。このＩＣレコーダーは、胸ポケットにさしておけば、スイッチひとつで録音が可能だ。思いついてのメモ、あるいは話を聞きながら写真を撮るような場面で使う。重要なことは、ＵＳＢでＰＣとつながることだ。とった音声をＰＣに保存するか、70ページでもふれたEvernoteなどのクラウドにあげておくことが簡単にできる。

森枝卓士（もりえだ・たかし）

一九五五年、熊本県水俣市生まれ。国際基督教大学（ＩＣＵ）教養学部社会科学科（文化人類学専攻）卒業。以降、フリーの写真家、ジャーナリストとして東南アジアを中心に住みこむなどして、世界各地に取材。食の文化フォーラムなどにも参加。国士舘大学などでアジア論、食文化論を講じる。大正大学表現学部客員教授。

＊　＊　＊

■わたしの研究に衝撃をあたえた一冊『料理の起源』

石毛直道、篠田統、中尾佐助をはじめとする多くの先達の著書に影響を受けた。あるいは畑違いのようだが、世界の音楽を研究した小泉文夫の著書に、「こういうことを食でやればいいのか」と思わされたりした。そんなこんなで、一冊というとつらいが、あえていえば中尾佐助『料理の起源』だろうか。「こういうことが学問になるのかと」いう驚きと納得。ならば、ジャーナリズムにもなるはずだという出発点である。

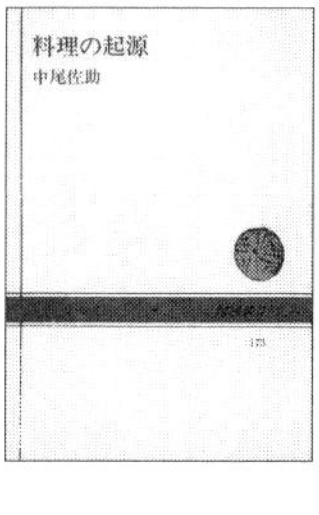

中尾佐助著
日本放送出版協会
一九七二年

食の生産と消費をめぐるフィールドワーク

――原田信男

I　はじめに――食文化史研究とフィールドワーク

わたしはもともと日本史のうちでも中世の村落史を専攻していたが、その後、食文化史にも興味をいだいて、研究の領域を広げてきたという経緯がある。はじめのうちは村落史研究と食文化史研究とが結びつかず、後者は余技のような感覚でとり組んでいた。しかし、あるときに、村落史が食の生産の歴史であり、食文化史は食の消費の歴史であることに気づき、両者はみごとにつながって、よりいっそう双方の研究に身が入るようになった。

もともと村落史のフィールドワークが中心であったが、これを続けているうちに食文化史の史料などに遭遇することもあり、とくに村落が食の生産の場だという認識を得たことから、食文化史そのものを、かなり相対的に見通せるようになったという自負がある。そこで小稿では、食文化史研究のみならず、村落史研究をふくめたフィールドワークで学んだいくつかの事例を中心に紹介しつつ、その意義について考えてみたいと思う。

食文化史の研究におけるフィールドワークは、海外の事例であればともかく、国内においては、その位置づけがかなり難しい。歴史学では、文字史料を基本とするが、まさに日常茶飯事については、それが書き記されることがきわめて少なく、逆に文字史料として残される場合は、儀式などのように特殊な事例となる。むしろ同じく過去を研究対象とする学問分野である民俗学と考古学では、日常的な食生活の実相の解明が可能となる。しかも、これらの学問は、必ずフィールドワークが前提となる。村々を歩きまわり、古老からかつての食生活のあり方を聞きだしたり、発掘現場を見て歩き、そこから出土する食器や調理具あるいは動植物遺体の分析によって、食生活の実相にちかづくことが可能となるからである。

文献史学においては、史料のあり方が時代によって大きく異なる。文字史料といっても、差出人から受取人へと移動する文書と、記録者がみずからの手元に置いた記録とがあるが、とくに古代においては、双方ともほとんどの文献史料が、基本的には活字化されており、自宅や図書館などで閲覧が可能で、その分析においては必ずしもフィールドワークが必要であるとは限らない。

中世でも事情は同じであるが、ときおり珍しく新出の文書が発見されることもある。これが近世となると、法令などをはじめとする中央レベルの基本史料は、ある程度活字化されているが、いわゆる地方文書《ぢかたもんじょ》と呼ばれる村落レベルの史料については、市町村レベルの自治体史などでほんの一部が活字化されているにすぎない。

これについても最近では、自治体ごとの資料館・文書館などで、整理され目録が作成されているが、本来は村の寺社や旧家にあったものである。それが自治体史の編纂が進行する過程で、文書の整理がすすみ、資料館や文書館が建設されて、そこに保存されるようになったにすぎない。むしろ今日では、近世の地方文書でも未整理のまま旧家に残されているという事例のほうが少なくなってきている。それゆえ近世文書も、基本史料は活字で読めるし、そうでない場合も冷暖房の完備した資料館や文書館で、史料の原本や写真版にあたれるようになった。しかし、このことは村での文書の所蔵者探しから、封筒入れと表題採りという文書整理、そして目録の作成などを現地でおこなうフィールドワークの機会が減り、本来的な文書のあり方（文書群の原型）がわかりにくくなっていることを意味する。

それゆえ整理済みの史料の性格とあり方については、食文化史の側からみれば、かなり厄介な問題がふくまれることになる。それは文書整理についても、調査者によって調査方法が異なり、分類から始まる文書整理や目録作成の方法が異なるという点である。したがって食文化史関係の史料を探しにくいという状況が生じている。とくに村落史の調査ということになると、多くの研究者は食文化史に興味がないから、献立などの関連史料が出てきても、これを処理する分類項目がなく、ほとんどが雑文書として仕分けられてしまう。

そして甚だしい場合には、目録において「雑文書一括何点」という記載ですませられることさえある。地方文書は、多い場合には約一万点に達するが、ちょっとした文書群であれば数千点におよぶ。これを短期間に整理しようとすると、一定の方針はあったとしても、整理担当者の力量と判断に任されるため、しばしば食文化の史料が雑文書類一括として目録外へと追いやられることになる。こうなると目録には掲載されず人の目につくことはない。存在しないに等しい文書となってしまうのである。

わたしが著書や論文に用いてきた食文化史関係の文書には、こうした整理過程でみずから拾いあげてきたものが少なくない。このように村レベルにおける食文化史関係の史料の発掘も重要な問題であるが、現地での地方文書の整理も、ただ黙々とおこなっているわけ

封筒入れと表題採り
古文書の整理においては、まず一点一点を封筒に入れて、その古文書の表題を採って、封筒上に年次とともに記入し、それらを編年して番号をうち、番号順に目録を作成する。

ではない。所蔵者の方や村の人びととの会話も重要な情報で、文書に出てくる地名や人名さらには地域特有の事情を尋ねつつ作業を続けていくし、ときには村そのものを歩きまわる巡見をおこなうことで、村のイメージが湧きあがってくる。この過程でまた食文化史関係の豊富な情報が得られることが多い。そもそも食文化史関係のフィールド調査というのは、民俗学的な聞きとり調査ならともかく歴史学的には、メインのテーマに据えにくいという事情がある。

むしろ各地を歩きながら、その土地々々における食文化の一端にふれ、それが蓄積されて結果的に食文化史の構想が豊かになるというケースが多い。これも広い意味での食文化史研究のフィールドワークの一部といえよう。そこで小稿では、わたしが村落史研究のフィールド調査の過程で蓄積し得た食文化史の知識の実例を紹介しつつ、食文化史研究におけるフィールドワークの意味を、海外の事例をふくめて考えていきたいと思う。

Ⅱ　食の生産をめぐって――村落史から

1　村落史研究における文献とフィールド

もともと歴史学界では、不文律のように専門分化がすすんでおり、どこか時代を決めて、それを専門としなければならなかった。わたしが立命館大学に入った一九六八年ごろは、日本史のなかでも社会経済史に人気が集中していた。さらに中世でも文化史・思想史・政治史など、さまざまな研究分野を選ぶことができたが、とくに荘園史の研究が主流であった。このとき、京都府立総合資料館（現：京都府立京都学・歴彩館）で東寺百合文書《とうじひゃくごうもんじょ》の整理が始まっており、わたしは二回生のときに半年間だけ上島有《うえじまたもつ》先生のご指導で、そのアルバイトに従事した。ここでは紙質や墨色・墨継ぎなど、影写本にはない情報が、原本に触れることで読みとれる事実というものを体験できた。

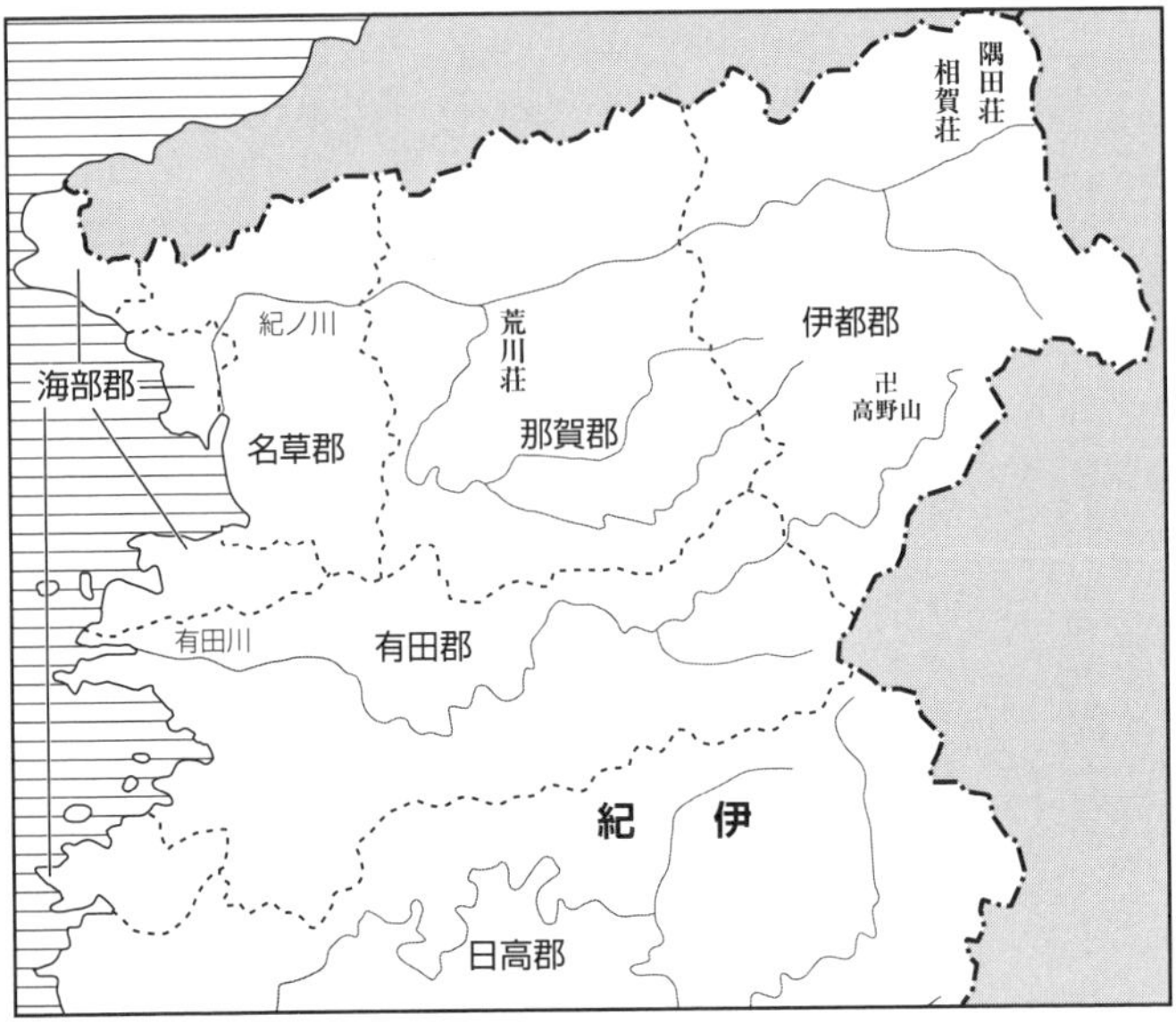

図１　和歌山県のおもな荘園

その後、立命館大学を中退し二年遅れたかたちで明治大学に編入したが、やはり中世史への興味は消えなかった。当時の論文手法としては、どこかの荘園を選んで、先行研究に学びながら、関係史料を集め、それを読みこんでいくというのが常道であった。そこでわたしも、比較的史料がよく残っていた高野山領荘園のうちから、紀伊国相賀《きいのくにおうがの》荘柏原村《しょうかせばらむら》（和歌山県橋本市）を卒論のテーマにとりあげた[1]。

このときの中世史料は、主要なものがほとんど活字化されて

東寺百合文書
京都の教王護国寺（東寺）に伝わる平安時代から江戸時代初頭にわたる約二万点の古文書群で、加賀藩主の前田綱紀が桐箱一〇〇箱を寄進し、これに収められているので、この名がある。

上島有
一九二四年生まれ。摂南大学名誉教授。日本中世史専攻。京都府立総合資料館で長年、東寺百合文書の整理にたずさわり、原本を基礎とした中世古文書学を研究した。著書に『京郊庄園村落の研究』（塙書房）、『東寺・東寺文書の研究』（思文閣出版）などがある。

おり、東京大学史料編纂所編『高野山文書』全八巻と高野山金剛峯寺編『高野山文書』全六巻のページをめくって、相賀荘の関係史料を集めた。ただ柏原村に関しては、そのころに中世の共有文書が発見され、雑誌『ヒストリア』に発表されたものが『和歌山県史 中世史料二』に「西光寺文書」として紹介されていた。それらを机上で、従来の研究史をふまえて精緻に読みこめば、卒論はできたはずであったが、三年次のゼミの指導教授であった**木村礎**《もとい》先生は、しきりにフィールドワークの重要性を説いておられた。そこでわたしも、とりあえず現地を訪れてみようと思い、一九七三年夏に同村の故地を訪ねた（図1）。

当時はまだフィールド調査のイロハも知らず、ただ見てきただけにすぎず、どれだけ卒論に生かせたかは、非常に心苦しいしだいである。しかし、ついでに訪れた近くの橋本市郷土資料館には、相賀荘の隣の隅田荘《すだのしょう》の関係史料も納められており、『和歌山県史』でも紹介されていない中世隅田党の献立関係史料があって、おもしろいと思い写真に収めてきた。そのころは食生活史の研究など考えてみたこともなく、ただ興味本位でシャッターを切ったにすぎない。しかし、その後、食生活史の研究を始めたときにおおいに役立ち、これを用いて「中世村落における食生活の様相」を仕上げることができた[2]。フィールドに赴かなければ、手に入れることのできない史料だった。

大学院にすすんでからも、あいかわらず古文書が中心で、同じ高野山領の荒川荘《あらかわのしょう》を修論のテーマに選び、相賀荘を訪れた一九七三年以後、何度か現地を訪れ、荘内の村々を歩きまわって、近世初頭の文書や偶然残った中世文書などを収集してきた。フィールドワークとしては、村の食堂の二階に泊まりこみ荘内の村々を歩きまわった。おかげで、ぼんやりとではあったが村の景観が印象に残り、同荘の在地領主であった**下司**《げし》**と公文**《くもん》の館の存在

木村礎
一九二四―二〇〇四。元明治大学学長。元地方史研究協議会会長。日本近世史専攻。長年、地方文書と現地調査を基礎とした近世村落の研究をおこなった。著書に『日本村落史』（弘文堂）などがあり、『木村礎著作集』全一二巻（名著出版）が刊行されている。

下司と公文
中世の荘園では、一定の地域を支配する武士である在地領主が荘官となり、警察権を行使する下司や徴税権を有する公文などが現地実務を担当した。同荘の公文・奥家の屋敷は一九六六年の映画「紀ノ川」の舞台となった。

が、村のなかでの彼らの位置を象徴的に物語っていることを理解した。そうであるなら、その頂点に立った高野山そのものも見ておくべきだと思い、一日、高野山を見て歩いた。村と在地領主そして荘園領主の格差を実感できたことは、その後、食料生産の現場と領主権力との関係を考えるうえでも、目に見えないフィールドワークの成果になったと思う。

2　米の生産と田畠比較

そんなことで、その後も中世村落史を専門として研究を続けてきたが、大学院のドクターコースのときに、恩師の木村礎先生が主宰する関東平野における村落景観の調査研究チームが一九七八年に結成され、そのマネージャー役を引き受けることになった。先生は近世村落の古文書調査の大先駆者で、豊富な経験と蓄積をもっておられたが、今回は中世村落をも視野に入れて、通史的な村落景観の変遷をテーマとされていたので、当然、中世の担当はわたしとなった。しかし畿内とは異なって、関東では村落に関する古い文書が少なく、中世村落へのアプローチには困難な点が多かった。

そこでわたしのおもな任務は、中世村落の景観的痕跡を、現地を歩きまわって模索することになった。とにかく数少ない中世文書や初期の近世文書に出てくる地名や文言を手がかりに、水田や畑地および集落のあり方を徹底的に見て歩いた。とくに水田に関しては、これに必要な水をどこから引き、どう抜くのか、などが食の生産に関わる大きな問題となるので興味深かった。

水田の用排水に関する問題には、一般に誤解があることに、この調査で気づいた。

それは関東平野のような低湿地地域における村落調査はあまり盛んではなく、村落史研究が文献中心でおこなわれてきたことから、水田に必要な水の問題といえば、用水相論が広く知られ、我田引水の熟語に象徴されように、いかに水を確保するかが、それぞれの村でもっとも重要と考えられてきた。ところが関東平野を歩いて、近世の地方文書を見ていると、この地域の水争いは、ほとんどが悪水相論で、いかに水を抜くかが大問題であった。上流の村が悪水を抜くと、それが下流の村に溜まるので、それを避けるために村落間でしばしば紛争が勃発するのである。悪水相論の存在を知ったことは大きかった。

また、この地域には、用排水を必要としない水田もたくさん存在する。低湿地の水辺でおこなう蒔田《まきた》・摘田《つみた》がそうで、直播法で稲作をおこなうのである。生産力は必ずしも高くはないが、かなり容易におこなわれる稲作である。

さらに、この地域のフィールドワークでの最大の発見は、掘上田《ほりあげだ》の存在である。これも低湿地に、泥土を掘り上げて、櫛の目状の畝をつくり、まわりを簡単な畦で囲って水を蓄え、畝に稲を植えて、水が不要になると畦を切って水を抜くのである。

これも生産力は劣るが簡単な水田造成法で、前近代の農民たちが、いかに知恵と技術を駆使して稲作をおこなってきたかが、こうした水田の存在からうかがわれるのである。用排水という問題からすれば、こうした村々を歩いていると、想像以上に天水田《てんすいでん》が多かったことが、文書や地形から判明する。教科書的な水田を頭に描いてしまったままでは、食糧の生産の現場である村の実態はなかなか見えてこないのである。

このフィールドワークで学んだ最大の成果は、かつての関東平野には、広大な低湿地や沼地が広がっていたことであった。今日のような美田化がすすむのは、明治期における利

用水相論
水田に必要な水を引き入れるために、村落間で争われる論争。とくに中世以降に水田開発がすすみ、土地所有が複雑化すると頻発するようになった。

悪水相論
用水相論が水田に必要な水争いであるのに対し、大河川流域などの平地の湿地帯では、排水をめぐる村落間の論争が頻発した。

掘上田
一般の水田には、水をコントロールするための用排水路が設置されているが、低湿地では用排水路の設定が難しいため、泥土を盛り上げて水を確保するだけの掘上田がつくられることもあった。

根川水系の各河川における切れ目のないドイツ流堤防工事と、戦後の排水事業を中心とした農地改良の結果にすぎなかった。もちろん近世には、椿海《つばきのうみ》開拓や手賀沼・印旛沼開拓という比較的大規模な新田開発がおこなわれたが、全面をおおうものではありえず、かなりの低湿地や沼地が手つかずのまま残されていたのである。(3)

このことを相対的に数値で確認するため、田畠面積が記載された近世中期の「町歩下《ちょうぶしも》組帳《ぐみちょう》」という文書から、国毎の田畠比較を一覧してみると、案の定、関東平野をふくむ国々の水田率が全国平均より低いことが明らかとなった。(4)日本人が主食としてきたとされる米の生産の裏側には、長い水田開発の歴史があり、耕地そのものの背景に人びとの努力の積み重ねがあり、その結果としての変化があったのである。

農学者・渡部忠世先生が、しばしば「日本人は米食民族ではない。米食悲願民族だ」とおっしゃっていたのを、(5)まさに実感として理解できたことは、食文化史を研究していくうえで、大きなプラスとなった。ちなみに渡部先生も私信で、網野善彦氏の反水田中心史観について、近世以降は当てはまらない、近世における水田技術の高さを過小評価すべきではないと批判されたことも、近世村落史のフィールドワークを続けてきたことで、すんなりと理解できたことはありがたかった。

3　米と魚とブタ

高温多湿な米文化圏においては、稲作が淡水漁業と深く結びつき、手間のかからないブタの飼育をおこないながら、米と魚とブタとがセットとなり、発酵食品の魚醤とナレズシ

椿海開拓
椿海は九十九里浜の北部、現在の千葉県東庄町《とうのしょうまち》・旭市・匝瑳《そうさ》市の境界付近にあった湖水で、近世初頭から幕府に干拓事業が申請されたが、下流の村々が渇水を受けるという理由で許可されなかった。しかし江戸の人口増などの理由もあって、一七世紀後半から開拓事業が始まり、膨大な人員を投入して新田開発に成功したが、水害や渇水問題などが課題として残された。

手賀沼・印旛沼開拓
千葉県北西部の手賀沼・印旛沼は、かつて香取海《かとりのうみ》の一部であったが、利根川東遷事業などの影響により沼となった。手賀沼は一七世紀中期から干拓事業が始まり新田化されたが、洪水によって壊滅の被害を受けた。印旛沼は一八世紀前期から干拓事業がおこなわれたが、難工事で挫折していた。天明五（一七八五）年に老

がともなっていることについては、しばしば著書や講義・講演でくり返してきているが、これについてもフィールドでの村落調査に学ぶところが多かった。大学院の修士課程のころ、明治大学で北近江を対象とする比較的大規模な村落調査に一九七六年から参加した。

このフィールドで、わたしは**萩原龍夫**先生の勧めもあり、中世惣村《そうそん》の典型として知られる菅浦《すがうら》の隣村にあたる月出《つきで》という村を調査対象に選んだ。五〇石ほどのきわめて小さな村落であったが、琵琶湖の湖岸に位置しているため、漁業や廻船業も盛んであった。ここでは地形的に水田の開発が困難で、検地帳を分析すると畑地が農業の中心をなしていた。ところが近隣の村落へと調査をすすめていくと、月出村は台地上に位置する隣村に、かなりの上田《じょうでん》を所有しており、こうした水田の石高は村内の村高を上まわるものであった。とくに廻船業の利益によって、中世後期には周辺の上田を買い集めていたことが判明した。(6)

琵琶湖湖岸の小村落にも、非常に強い水田志向がはたらいており、これに漁業が結びついていたことになる。とくに琵琶湖周辺には、東アジア・東南アジアの米文化圏から伝来したスシの原型にあたるフナズシが広くつくられているが、これも、この調査先の家々でご馳走になった思い出がある。稲作とナレズシとの関係については、のちに石毛直道先生の研究で知ったが、(7)まさに、そうしたフィールドの地域で村落調査をしていたことになる。強い水田志向が、魚と結びつくことについては、東南アジアの村々を歩いていると、水田のなかに四つ手網（次ページ写真1）が仕掛けられたり、沼や川で盛んに漁撈をしていることで容易に理解されるが、関東平野の村落調査でも明らかになった事例がある。

それは三郷市の水田調査をしていたときのことで、そこで「ホッコミ」という言葉を聞いた。くわしく聞くと、水田の片隅に直径・深さともに四〇～五〇センチほどの穴を掘っ

中・田沼意次《たぬまおきつぐ》によって、手賀沼・印旛沼とも並行するかたちで開拓事業が実施されたが、手賀沼では一部の新田化がすすんだものの印旛沼では挫折に終わった。

渡部忠世
一九二四年生まれ。京都大学名誉教授。京都大学東南アジア研究センター所長。長年、東南アジアでの稲作の調査・研究にたずさわり、幅広い観点から農学研究をおこなった。著書に、『稲の道』（日本放送出版協会）ほか多数あり、おもな編著に『稲のアジア史』全三巻（小学館）がある。

反水田中心史観
日本の歴史をさまざまな角度から研究した中世史研究者・網野善彦（一九二八―二〇〇四）が提唱した歴史理論のひとつで、これまでの日本の歴史学界においては、稲作を重視した水田中心史観が支配的であったが、

ておく。すると、そこに雑魚が棲みついて、網ですくうとおもしろいように捕れるので、これを囲炉裏の上のベンケイ（写真2）に挿して乾燥させ、必要に応じて水にもどし煮魚などにして食べるのである。

写真１　四つ手網（筆者がラオスで買い求めた絵葉書より）

写真２　ベンケイ（写真提供：あきた森づくり活動サポートセンター）

写真３　筌（写真提供：毛呂山町歴史民俗資料館）

わたしは関東北部の地方都市の町場に育ったが、幸いにも母方の実家が栃木県北部の鬼怒川沿いの農村で、夏休みなどには何度も訪れていたから、その光景は即座に理解できた。まさに水田を利用した淡水漁業が稲作とくみ合わさっていたのである。さらには母方の実家近くの小川や用排水路で、筌《うけ》（写真3）を仕掛けたりして、魚を捕っていたことも思い出した。戦後の高度経済成長期以降、農薬を用いはじめたことや、ダムの設置のほか用排水路にU字溝が埋めこまれたりしたことで、水田漁業は衰退したが、米と魚のくみ合わせは、つい最近まで日本でも一般的であることを改めて認識したので

畑作や狩猟・漁撈あるいは非農耕民に視点をあてて日本の歴史を見なおすべきだとした。

魚醤
小魚類に塩を加えて圧力をかけると、アミノ酸発酵が始まり、一種の旨味調味料が生まれる。これが魚醤で、タイのナンプラー・ベトナムのニョクマム・インドネシアのサンバルなどが知られるが、日本でも秋田のショッツルや能登半島のイシルなどが、この例に属する。同様の理論を大豆に応用したのが穀醤《こくしょう》で、これが味噌・醤油の起源となった。東南アジアの米文化圏に広く見られる調味料である。

ナレズシ
飯に魚類を漬けこんで圧力をかけると、乳酸発酵が始まり、魚に旨味が生ずるとともに保存作用がはたらく。いわゆるスシの原型にあたるもので、日本でも近江の

ある。

米と魚とのくみ合わせになるブタについては、簡単に飼育できる動物で、東南アジアの稲作地帯では、トイレなどで飼うことは、いちおう文献的な知識として知っていたが、沖縄では北中城《きたなかぐすく》村の中村家住宅に、フールという豚便所があることや、韓国済州《チェジュ》島では、石垣で囲った豚小屋の上にトイレがあることを実見した（写真4）。済州島の場合、トイレに棒が一本置かれており、これは排便の最中にブタがお尻を舐めにくるのを追い払うためだとも聞いていた。この話を講義や講演ですると、ほとんど笑ってくれるが、それは知識上でのことだった。

その後、ラオス北部の村落調査で（これについては第Ⅳ節で後述）、水道も電気もトイレもない村に泊まったが、ブタはたくさん飼っていた。朝起きて、裏山で用を足そうとすると、ブタがたくさんついてくる。最終的には、子ブタを追い払って母ブタだけがついてきて、にらみ合いつつ用を足した。終わって立つと、即座に母ブタがやってきて、あっという間に、排出物を平らげた。あのときの迫力からして、たしかに済州島のスタイルではお尻は舐められるであろうことを、その場で実感した。米文化圏における米と魚とブタというくみ合わせを身をもって知ることができたという体験は貴重だった。

もうひとつ、この関連で記しておけば、ラオスで深

写真4　上：北中城村、中村家住宅のフール。下：済州島の豚便所

フナズシ・金沢のカブラズシなどが、この例に属する。原理的には魚醤の兄弟分にあたるもので、東南アジアの米文化圏に広く見られる保存食である。

萩原龍夫　一九一六－八五。元明治大学教授。民俗学と歴史学の双方の視点から日本史の研究をおこない、宗教史・戦

く記憶に残ったのは、ブタのナレズシである（写真5）。稲作とナレズシの関係については、先にも述べたとおりで、ラオスでも魚のナレズシを、「ラオラオ」という米の酒で楽しんだが、現地のガイドとドライバーが、ブタのナレズシを持ちだした。魚肉という動物タンパクを飯につけて乳酸発酵させるのだから、獣肉でも同じような美味が生まれるはずである。日本古代にも宍醤《ししひしお》があり、ナレズシの兄弟分である魚醤と同じ原理で宍醤がつくられているのだから、獣肉のナレズシがあっても、米と魚とブタというくみ合わせからすれば、なんの不思議もない。たしかにブタのナレズシには、乳酸発酵による独自の旨味があり、ラオラオはすすんで、以後ブタのナレズシが、ラオスでの調査の楽しみのひとつになったことはいうまでもない。

写真5　ブタのナレズシ

Ⅲ　食の消費をめぐって——食文化史から

1　図書館というフィールド

大学院もオーバードクターのころ、経済的な問題もあって、アルバイトで『豆腐百珍』をはじめとする料理本の翻刻・校注を引き受けた。もともと食そのものには興味があった

国史にくわしかった。著書に、『中世祭祀組織の研究』（吉川弘文館）、『神々と村落』（弘文堂）、『巫女と仏教史』（吉川弘文館）などがある。

惣村
鎌倉後期から戦国期における自治的な組織をもった中世村落で、おもに畿内諸国に見られ、一村規模から数村を擁して惣荘や惣郷と呼ばれるものもある。村堂や惣有田などの惣有財産を有し、宮座などを運営することが多かった。村落の上層農民によって構成される。

中村家住宅
沖縄県中頭郡北中城村にある歴史的建造物で、国の重要文化財。中村家は大城安里と称する地頭代を務めた豪農の家で、首里にあった二五〇年前の士族の家を移築したものと伝える。

『豆腐百珍』

し、幸い近世の古文書解読の基礎は身につけていたので、くずし字の解読には困らなかった。近世の古文書調査では、現物にあたることが鉄則なので、料理本についても、各地の所蔵図書館に出向いて、原本の確認調査を徹底的におこなった。すると刊記（奥付）が異なる諸本が多いことに気がついた。

　ところが、それまでの食物史研究においては、そうした問題に対して関心が薄く、せいぜい初版の刊記が押さえられる程度であった。しかし諸本の刊記を見比べていくと、『豆腐百珍』の出版がどのような過程を経てなされたのかが如実にみえてきた。同書には正編と続編があり大坂での刊行であったが、続編刊行時に正編が増刷され、同時に江戸でも双方が刊行されていることがわかった。さらに諸本のなかには、広告を刷りこんだものもあり、贈答用にも最適という触れこみがあった。こうして料理本がどのように出版されて、どのように受け入れられたのかを、刊記の違いと増刷時期をたどって明らかにできたことは有意義であった(8)。

　食生活史関係の史料や文献は、活字化されているものがきわめて少なく、所蔵先の目録や原史料をあたっているうちに、思わぬ発見に出合うことがある。『豆腐百珍』の刊記の確認に東洋文庫を訪れたときのことである。目録をくっているうちに、ある個人が収集した引札《ひきふだ》を張り集めた史料が目に入った。閲覧してみると、柳亭種彦《りゅうていたねひこ》が起草した八百善の『江戸流行 料理通』の引札が収められていた（写真6）。同書は計四編から成るが、当初は一冊のみの計画であったことがわかったほか、版元の

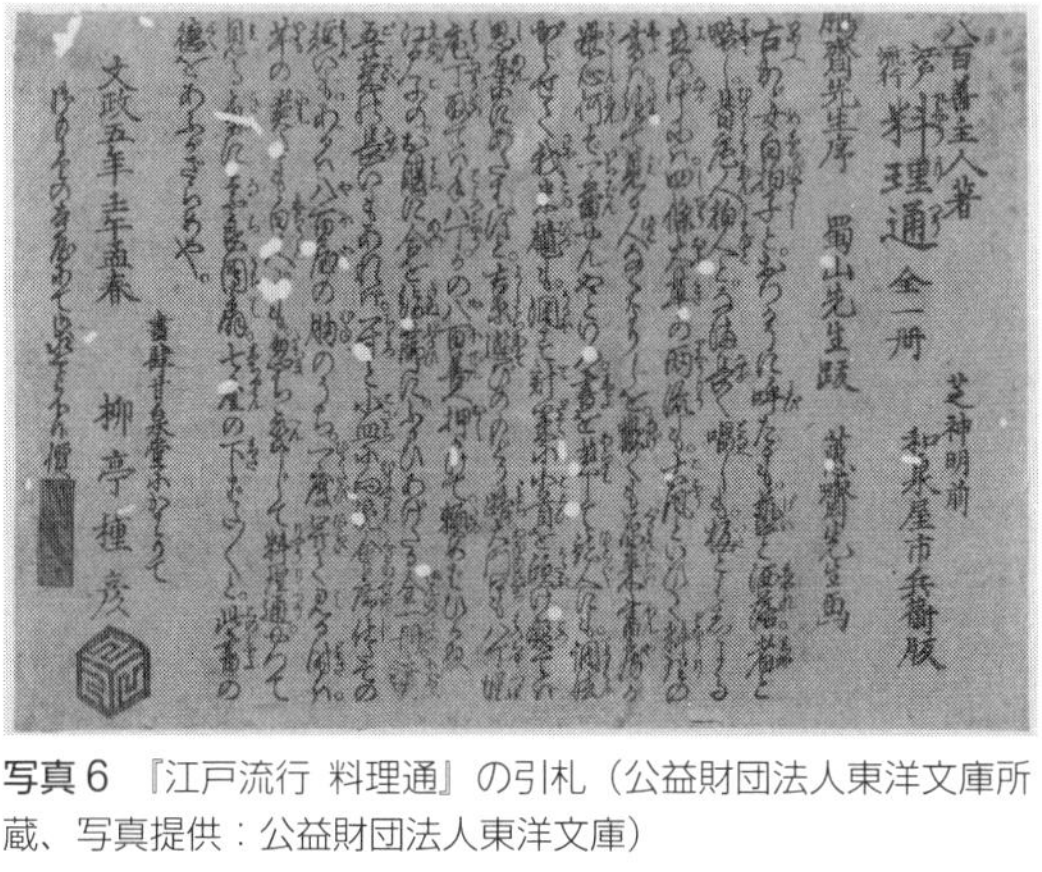

写真6　『江戸流行 料理通』の引札（公益財団法人東洋文庫所蔵、写真提供：公益財団法人東洋文庫）

天明二（一七八二）年に大坂で出版された料理本で、豆腐一品に対して一〇〇種類の料理法を紹介しており、著者は篆刻家の曽谷学川《そだにがくせん》と考えられている。「豆腐集説」なる付録があって、豆腐に関する和漢の知識が集

甘泉堂・和泉屋市兵衛の巧みな販売計画がみえてきたと同時に、出版そのものに関与する柳亭種彦というコピーライターの存在を知ることができた。これも実際に、現物を見なければ出合うことのない史料で、目録からだけではわからない存在であった。

さらに八百善がらみでいえば、静嘉堂《せいかどう》文庫で『江戸流行 料理通』を見ていると、二編と四編に、同書の書袋が挟まれていることに気がついた（写真7）。これは現在の本のカバーよりも簡略なもので、ほとんどが捨てられ、わたしの知る限りではほかに現存する例を聞いたことがない。よく見ると八百善の店先に掛けられた暖簾を書袋としたもので、白抜き藍色で仕立てられている。初編と三編にはなく、ふたつだけが偶然に残ったらしい。書肆としても細かな気配りのもとに、同書を手にとってもらおうと工夫していたことがわかる。これも偶然の発見ではあるが、これもまた静嘉堂文庫を訪れて現物を手にとらなければ出合うことのない史料であった(9)。文献史料を扱う研究でも、各地の図書館や大学に所蔵されている書籍を、みずからの目で確かめるというのも、やはり重要なフィールドワークのひとつである。足で稼がなければ見えてこない事実というものはじつに多い。

2　利根川流域の食生活調査

正面から食生活史をあつかったのは、一九八一年から四年かけて実施した利根川食生活

写真7　『江戸流行 料理通』の書袋
（写真提供：静嘉堂文庫）

められており、豆腐に関する食談義を楽しむ目的もあった。続編・余録が刊行されて好評を博した。いわゆる百珍物料理本の嚆矢をなす。

東洋文庫
東京都文京区にある東洋学に関する専門図書館および研究所。三菱財閥が出資して一九一七年に、当時中華民国の総統府顧問を務めていたジョージ・アーネスト・モリソンが所蔵していた、中国に関する欧文文献

史研究会の調査であった。木村礎先生の関東平野の村落景観調査は、当初から利根川などの大河川を意識したものであったし、個人的にも利根川という存在に興味があったので、知人を誘って利根川食生活史研究会を組織し調査プランを練った。最上流の山間部にあたる群馬県水上町藤原（一九八二年、現：みなかみ町）のほか、中流部の畑作地帯として埼玉県妻沼町俵瀬《めぬままちたわらせ》（一九八一年、現：熊谷市）、同じく中流部の水田地帯として千葉県印西町大森（一九八三年、現：印西市）、それに最下流河口部の茨城県波崎町《はさきまち》波崎（一九八四年、現：神栖市）の四か所を調査地に選んだ。

調査の手法としては、民俗学的な聞きとり調査がメインで、これに文書があれば参考にするという方針で臨んだ。地域ごとに地形と歴史を押さえ、ハレとケの食事内容から食料の保存・貯蔵法や地域別の食料獲得法など、民俗学の基本的な調査項目に沿って聞きとりをおこなった。もちろん地域ごとの特徴は報告書にまとめたが[10]〜[13]、ここでは、その要約を述べるのではなく、それぞれのフィールドワークで学び得た貴重な体験を記すこととしたい。

まず初年度は畑作地帯の俵瀬を調査したが、ナマズのテンプラなど川魚の料理法や川漁の方法が記憶に残ったが、ここでもっとも興味深かったのは、「村の料理人」の存在を知ったことだった。妻沼の町場に出れば料理屋はあるが、農業地帯の俵瀬では、家々の冠婚葬祭の料理を担当する人物が必要となる。村に料理の知識と技術にくわしい者がおり、彼が中心となって、近所のおかみさん連中を差配し、調理を担当するという。ここでは文献的な裏づけは得られなかったが、のちに、このことに注意して近世の文書や記録を見ていくと、武蔵国《むさしのくに》西部や常陸国《ひたちのくに》南西部などで、その存在を確認することができた。ちなみに

の膨大なコレクションであるモリソン文庫を購入したことで、東洋文庫の基礎が築かれた。

引札
商品の宣伝や開店の披露などの広告用の札で、今日のちらしにあたる。

『江戸流行 料理通』
江戸の高級料亭八百善の主人・栗山善四郎が、文政五（一八二二）年から天保六（一八三五）年にかけて出版した贅を尽くした豪華料理本。八百善で出す料理献立や料理法を紹介し、当時高名であった大田南畝や酒井抱一などの文化人たちを総動員し、彼らに序文や跋文および挿画を担当させている。

静嘉堂文庫
東京都世田谷区にある日本および東洋の古典籍と美術品を収蔵する専門図書館および美術館。三菱財閥の第

常陸の事例では、村で農業を営みながら魚などの商売をおこなっていた人物が村の料理人であったことがわかった。

続いて山間部の藤原では、山における食料の豊かさを実感することができた。平地の農村部とは異なり、狩猟や漁撈の占める割合が高いと同時に、山には豊富な果実や山菜類などがあり、バリエーションが多いことに気づかされた。常識的には、石高の低さから山村は貧しいと考えられているが、実際には逆で、山の恵みには平地部にはないさまざまな食料にあふれていることがもっとも印象的で、わたしの中で山村のイメージが変わった。また利根川にダムができるまでは、最上流の山間部にまで川マスやサケが遡上したという。もちろんイワナやヤマメのほかに、ドジョウやナマズ・ウナギ・カジカ・タニシなども獲れ、じつに豊富な食材に満ちあふれていることがわかった。

この藤原でのもっとも貴重な体験は、佐藤家に伝わる「料理秘法之事」の原本を見たことであった。同文書は『町誌みなかみ』に掲載されており、こうした山村に料理の秘伝書が存在することを知っていたが、どうしても原本を見たくなって後日改めて、佐藤家を訪ねた。実際に文書を見ると、非常に興味深い事実に気

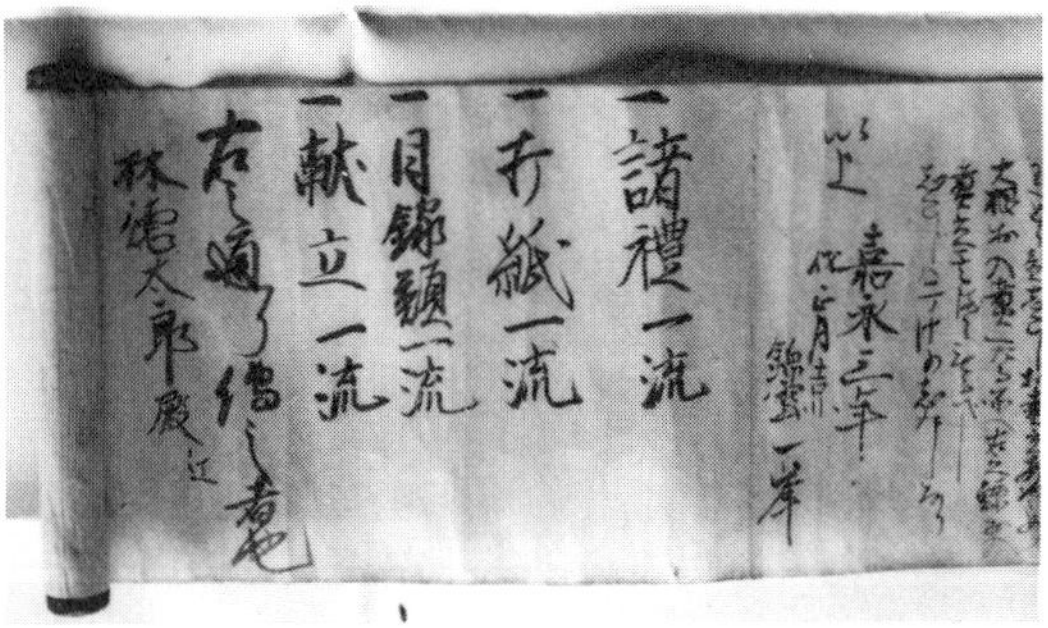

写真８　「料理秘法之事」

二代総帥・岩崎彌之助が、一八九二年に自宅内に創設した文庫で、和漢の古典籍や古美術品などを幅広く収集した。貴重なコレクションが多く、その子・小彌太によって文庫が拡充され、一九四〇年に財団法人静嘉堂文庫となった。

づいた。

それは秘伝書の奥書で、年月日と作成者および宛名の部分の墨と筆が本文と異なっていたことである（写真８）。これは活字や写真ではまったくわからず、原本でのみ確認されるが、このことは秘伝書が先に作成されていて、買い手が見つかった時点で、伝授者が日付とみずからの名前と相手の名前を書き入れたという事実を示している。はじめから商売目的で日付と名前のない秘伝書を持ち歩いて地方をまわる料理法の伝授者がいたのである。こうした発見は、まさにフィールドワークでしか得られないものであった。

水田地帯の大森では、中世以来の水田である谷田と近世の開発になる低地部の水田を比較すると、水害の危険がない前者のほうが安定的であった。後者は開発当初は生産力が低くしばしば水害に見舞われたが、年月がたって河川が安定すると徐々に生産力が高まり逆転現象が起こって、前者をはるかに上まわるところとなることがわかった。また、近くの手賀沼もふくめて、やはり漁撈活動が盛んであったのは当然だが、そうした水辺に鳥類が集まるところから、活発に鳥猟がおこなわれていることを初めて知った。よく考えれば常識に属する事柄ではあるが、フィールドに出て初めて気づくことも少なくない。

地方の有力農家には、婚礼献立が残されていることも珍しくないが、大森隣村の亀成《かめなり》の岩井家の明治一三年の献立は、縦は二四センチであるが横は一一七センチにもおよぶ。これも活字や写真からはたんなるメニューの控えとしか映らないが、実物を見るとかなり大きく、明らかに宴席に張りだして、人びとに見せて料理内容を誇示することが目的で作成されたことが一目瞭然となる。これもフィールドを歩かなければ理解できない事項のひとつであろう。

最後の漁村波崎では、完全に調査法をまちがえた苦い経験がある。基本的に農村調査では、まず教育委員会に行って旧名主家のリストをもらい、それらを訪ね歩けば、だいたい文書所蔵者に出会うことになり、話を聞いているうちに村の概要がつかめてくることになる。これをそのまま漁村である波崎に適用してしまったのである。もともと名主は、田畠を中心とした年貢体系のもとで設定された役職で、農業生産の体系を押さえる存在にすぎない。ところが漁村は、主要な生業形態が異なることから、名主ではなく漁業の元締めとなる網元から押さえていく必要があったのである。

それでもなんとか最終的には、漁業関係者から魚種による漁法の違いなどを聞くことができて調査を終えたが、逆に農業に引きずられたために、失敗を犯してしまった。ただ、ここではおもしろい水田の存在を知ることができた。それは掘下田《ほりさげだ》というもので、先の利根川湿地帯の掘上田（87ページ）とは逆に、地表を掘り下げて水田とするものであった。これは砂丘地帯で水利が困難なことから、一～二メートル下の滞水層まで掘り下げて伏流水を利用する水田で、周囲に土を盛りあげ、そこに松を植えることで、潮風による災害を防ぐ目的も果たす。この開発には、相当の労働力を要するうえに、生産力も高くはないが、それでも近世にはなんとしても水田が欲しかったのである。先の月出村の場合と同じように、漁村にも水田志向がはたらいていたことが、この掘下田の存在からも実感できたのであった。

3　北海道と沖縄の食文化比較

もうひとつの食文化のフィールド調査は、味の素食の文化センターの研究助成を受けての一九九一年の北海道と沖縄の食文化比較であった。当時、わたしは北海道に住んでおり、道内はほぼ見て歩いており、沖縄にも何度も足をのばしていた。そこで、この調査でメインテーマとしたのが、北海道と本州、沖縄と本州の切れ目の確認であった。冬に下北半島と津軽半島を歩きまわり、夏にはほぼ二週間かけて、鹿児島から船で奄美諸島沿いに沖縄に渡り、さらに先島諸島をまわって石垣島から台湾の基隆《キーロン》に上陸して台北を見てきた[14]。

北海道と本州の切れ目は、動植物分布域を分けるブラキストン線が引かれた津軽海峡にあるが、ここは昔から〝しょっぱい川〟と呼ばれてきたように、北海道と本州は目と鼻の先である（図2）。津軽半島の龍飛崎と松前、下北半島の大間と函館、天候の安定した日であれば、ともによく見え、難なく渡れる距離関係にある。また、古くから本州と北海道をつなぐ重要な港があった十三《とさ》湊《みなと》遺跡（青森県五所川原市）も、広い内海・十三湖のなかにあって、サケ・昆布など北海道物産を入手するための安定的な流通拠点であったこ

図2　日本列島のブラキストン線

ブラキストン線
津軽海峡を東西に横切る動植物分布境界線。イギリスの動物学者のトーマス・ブレーキストン（一八三二―一八九一）は、函館で二〇年以上を貿易商として暮らし、そのあいだに日本の野鳥を研究し、津軽海峡に動植物分布の境界線があるとする説を一八八〇年に提唱した。

とが実感された。そして考古学の成果からも、ほぼ縄文時代を通じて津軽海峡を挟む地域に共通の物質文化圏が存在したことが明らかにされている。

しかし近年の人骨の**炭素・窒素同位体分析**結果からすれば、この時代には、津軽海峡の北と南では食生態系が明瞭に異なり、北海道では海洋哺乳類や魚類などの海産物が主体であるのに対して、東北北部では海産物のみならず陸上植物資源に強く依存していたことが指摘されている。(15) このことはフィールドワークの観察にもとづく分析には、絶えず文献史料や考古資料による検証が必要であることを教えてくれる。

また、沖縄におけるブタとヤギについても、現地に行ってみると、その食用を実感的に理解することができるが、これらの移入は文献的に一四世紀ごろだとされている。ただ、これも動物考古学の立場からは、沖縄本島北西部における**弥生ブタ**の存在が指摘されており、わたしは幸運にも一九九七年に**松井章**《あきら》氏のご厚意で、読谷《よみたん》半島・伊江島における弥生ブタの確認に立ち会うことができた。フィールドでの観察はたしかに重要であるが、その検証を怠るととんでもない誤解に陥ることになる点に留意すべきだろう。

南島の切れ目については、しだいに南下していくと、地形と植生から喜界島あたりであることが視覚的に理解することができた。これも現地の博物館で知ったことだが、ここに**渡瀬線**《わたせせん》という動植物のブラキストン線が引かれていた。これがヤマトと沖縄の境目だったと考えられる。景観的には珊瑚礁の石灰岩とガジュマルの群生やサトウキビの栽培が、その違いを実感させるし、徐々に水田風景も乏しいものに変わっていくし、沖縄では一般的

炭素・窒素同位体分析
人骨のコラーゲンにふくまれる炭素や窒素の重量の異なる同位体の組成から、その人物が何を食べていたか分析する手法。炭素の同位体組成から通常のC_3植物か日光の強い環境に適応したC_3植物かが判別できる。また窒素の同位体組成から、長い食物連鎖で濃縮されていく窒素15の割合によって、肉食動物か草食動物かなどがわかる。

弥生ブタ
かつての考古学では、イノシシとブタの判別が難しく、弥生遺跡から出土したものはイノシシとされてきたが、動物考古学の発達によって、その多くがブタであることが判明し、東南アジアの米文化圏における米と魚とブタとのくみ合わせが、弥生時代の日本にもおよんでいたことが明らかとなった。

なヤギの飼育や風葬も喜界島が北限となる。

喜界島についても、近年における城久《ぐすく》遺跡の発見によって、九世紀ごろには、ここに太宰府からの最南端の前線基地があったとされている。さらには、ここから農耕とグスクとがしだいに沖縄へと南下したという仮説が安里進氏によって提起されているが、[16] 遺跡発見後、改めて現地を訪れて、その仮説を思い起こしてみると、かつて歩いた島々の記憶が甦り、新たな図式にくみ替えられて、安里氏の仮説をすんなりと了解することができた。こうした研究史からの検証を、フィールドワークの成果のうえに重ねていくことが重要である。

もともと北海道と沖縄の食文化比較については、ヤマトが「米の世界」であるのに対して、両者は「肉の世界」だという認識がわたしにはあり、それをヤマトとの境目を意識しながら現地を見ておきたいという意図が、この調査にあった。北海道の肉食文化については、アイヌ民族の狩猟文化として文献的に理解するほかはなかったが、沖縄についてはブタとヤギの肉食文化を現地で実感できたことは有意義だった。

かつてわたしは、「日本には北海道・沖縄・山の民・被差別部落民のあいだに四つの豊かな肉食文化がある」といくつかのところで書いてきた。ところが、これにクレームがつき、ある人物から「豊かな肉食文化」とは何かという質問がきた。どうも被差別部落民という叙述を落とさせたかったらしいのだが、「豊かな」という意味がわからなかったようだ。それこそ差別だと思われるが、わたしは即座に「豊かな肉食文化」とは「動物の身体を血までふくめて残らず食べ尽くす技術と、家庭で動物を解体する技術をもっていること

松井章
一九五二─二〇一五。元奈良文化財研究所埋蔵文化財センター長。日本のみならず世界各地を歩いて動物考古学・環境考古学の研究をおこない、この分野の第一人者。著書に『環境考古学への招待』(岩波新書)、『動物考古学』(京都大学学術出版会)がある。

渡瀬線
屋久島・種子島と奄美諸島とのあいだの七島灘《しちとうなだ》に東西に引かれた動植物分布境界線であるが、この境界は陸上植物にもあてはまるとされている。一九一二年に動物学者・渡瀬庄三郎が確認し、二四年に岡田彌一郎によって命名された。

城久遺跡
二〇〇三年から調査が開始された鹿児島県奄美群島の喜界島にある平安時代から室町時代にかけての遺跡で、喜界島中央部の奄美大島を

だ」と答えた。しかし反応は乏しく、稲作文化を自明だと思っている人間には「豊かな肉食文化」ということは想像もつかなかったものと思われる。

沖縄の島々を歩いていると、市場の肉屋の店先には、まずナカミやテビチ、ミミガーなど内臓をはじめとする各部位が目立つところに並べられており、ロースやヒレなどの精肉は店の奥のガラスケースに高そうに収められている（写真9）。沖縄に限らずアジアの各地で目にする光景ではあるが、まさに豊かな肉食文化そのものである。精肉が主体となる日本の肉食文化は貧しいのである。いまは家庭での屠殺ができなくなっているが、一九九一年当時は、まだ島のあちこちで、ヤギを潰した話や血の残る形跡を見た記憶がある。まさに沖縄は肉食文化というものの本質を実感させてくれるところであった。

写真9　沖縄の市場の肉屋の店先

まだ当時は、血の炒め料理である「チーイリチー」をおいしくいただくことができたが、その後、血を料理に用いることが少なくなってきている。沖縄本島の南城市志喜屋という集落でおこなわれる「ハマエーグトゥ」という牛の動物供犠《くぎ》[17]では、内臓を血で煮こんだ鍋料理がふるまわれるが、最近では残った血が捨てられつつあるというのが現実となっている。二〇〇三年に放送大学のビデオ教材作成のために、沖縄の料理屋にチーイリチーをお願いした

のぞむ高地に位置する。南島をのぞむ本州最前線の遺跡で、太宰府との関係などが指摘されており、奄美大島の出土遺物とは系統を異にする。沖縄と日本の交流を考えるうえで注目を集めている遺跡である。

安里進
一九四七年生まれ。元沖縄県立博物館・美術館館長。はじめは沖縄のグスク研究を手がけた考古学者であるが、考古学的手法を用いて幅広く沖縄史の研究をおこなっている。著書に『グスク・共同体・村　沖縄歴史考古学序説』（榕樹書林）、『沖縄人はどこから来たか　「琉球＝沖縄人」の起源と成立』（土肥直美と共著、ボーダーインク）。

動物供犠
豊穣祈願や除厄祈願などの際に、動物を屠って、その生命を神に捧げる儀礼。

ら、沖縄では血が手に入りにくくなっており、わざわざ大阪から血をとり寄せてつくってくれた。沖縄の肉食文化も、徐々に変わりつつあることを長年通っていると気づかされる。フィールドには通いつづけるということが大事なのだろうと思う。

4　山間部の焼畑と狩猟の調査

一九九八年から始まった供犠論研究会の調査合宿と、二〇〇三年から参加した赤坂憲雄氏が主導した東北芸術工科大学（のちには総合地球環境学研究所）主催の焼畑をメインとし

写真10　焼畑種まき。山形県尾花沢市牛房野では、焼畑での牛房野カブの種まきは、種を口にふくんで遠くへ飛ばすようにまく

写真11　焼畑と焼かない畑の生育状態比較（撮影：江頭宏昌氏）

供犠論研究会
供犠に関連する民俗儀礼・行事・祭礼をテーマに、中村生雄、三浦佑之、赤坂憲雄らが発起人となり一九九八年に結成された研究会。研究会とともに、フィールドに出て、供犠関係の祭祀などの調査・見学をおこなう。

た共同研究で、ラオス・中国・台湾および日本の山間部をかなり見て歩いた。これは食文化そのものよりも、焼畑および狩猟という食料の生産に重きがあったが、幅広い観点から食の問題を考えられる契機となった。

焼畑の調査は、山形県尾花沢市牛房野《ごぼうの》で、とくに火入れ・種まきと収穫に参加したが（前ページ写真10）、これには天候が左右するため、かなり余裕をもった調査日程を組まないと難しいという問題がある。

焼畑については、のちに「火耕《かこう》」という言葉を用いて、火の効用という問題を意識するようになった。焼くということで、生育が促進されるとともに（前ページ写真11）、カブの場合では色や味まで変わることを知った。また火を制御する技術が重要で、耕地とする部分を囲う防火帯を切り、風向きを読みながら、点火する場所を調整して、最後にはみごとに火を治めることができる。これも現場を見ないとわからない。さらに焼畑は食料の生産のみならず、屋根の茅葺きや衣服のカラムシを効率よく得るためにも利用され、衣・食・住すべてに関わる農法であることも学ぶことができた。焼畑は、古くからの原初的農法であるが、火の技術さえあれば、簡単に食料を得ることができる農業で、人びとの食生活に重要な役割を

写真12　山形県小国町小玉川のクマヒラ。これを山の尾根のクマの通り道に仕掛ける

カラムシ
苧あるいは苧麻などと表記されるイラクサ科の多年生植物で、植物繊維を利用して衣類などとする。五月下旬ごろに、その群生地に火を入れると、一斉に発芽が始まり、火によって害虫の駆除をおこなうとともに、焼いた灰が肥料ともなる。

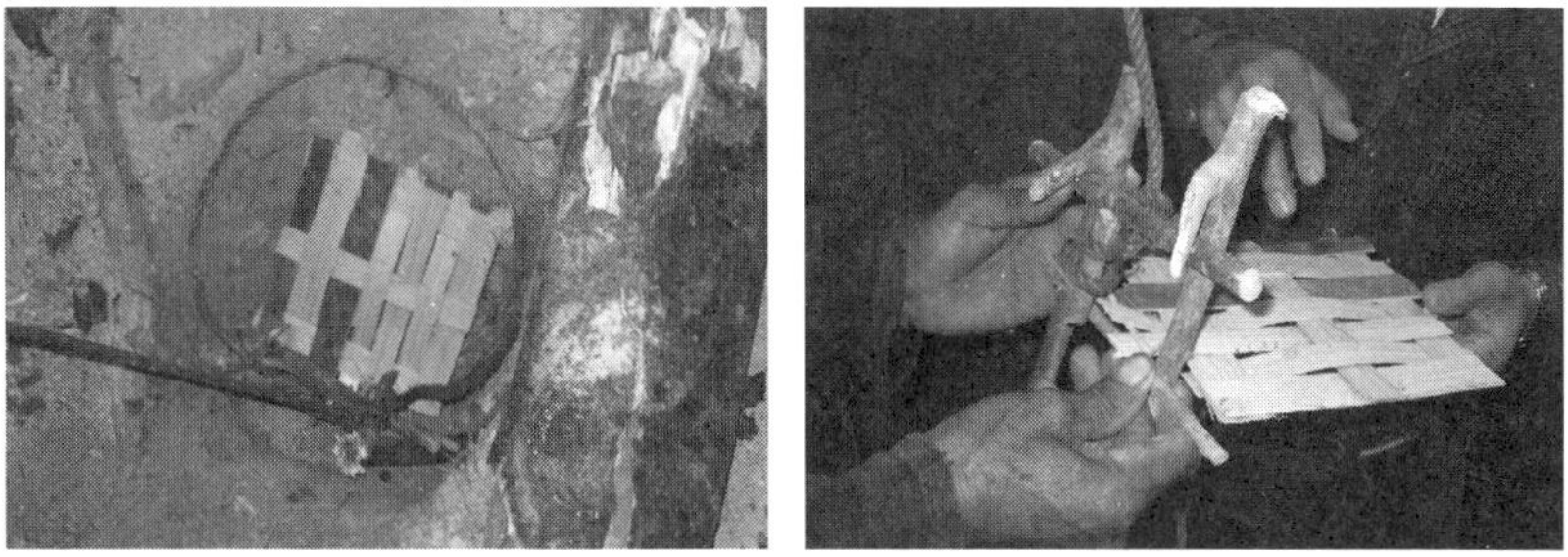

写真13　罠の構造
編み竹の上にイノシシの足がのると（写真左）、これを支える下の棒が落ちて、紐で結んでいる留め棒がはずれ（写真右）、一気に罠が締められ足が括られる。この原理はほかの罠猟にも用いられ、広く世界的に共通する（ラオス北部の事例）

果たしてきたことに疑いはない[18]。しかし文献史料には残りにくいため、残念ながら社会経済史的にも食文化史的にも、正当な評価を得ていないのが実情である。しかも近年では火は完全に悪者扱いとされている。わたし自身もまだ焼畑をうまく位置づけられないが、こうした農法の存在と様相をかいま見られたことは有意義だったと思う。

もうひとつの狩猟については、フィールドワークで学ぶところが多かった。狩猟というとハンティングのイメージが強く、すぐ弓矢や鉄砲を考えるが、その大部分は罠猟である。田口洋美氏が主催する研究会では、山形県小国町《おぐにまち》小玉川でクマ罠のヒラをマタギの人に復元してもらったことがあり、彼らはあっという間に、罠場所の近くの木や蔓を利用してクマ罠をつくってしまった（写真12）。この仕掛けの原理は、非常に単純かつ世界的に共通で、張った糸に触れると、支えていた木や竹の短い棒が外れ、縄が獲物の足を引き絞ったり、竹槍が飛びだしたり、仮枠が外れて巨大な石

田口洋美
一九五七年生まれ。東北芸術工科大学教授・同東北文化研究センター所長。民俗文化映像研究所で姫田忠義氏に師事して民俗学研究の道に入り、狩猟を中心に山の研究をおこなっている民俗学者で、マタギサミットを主宰する。著書に『越後三面《みおもて》山人《やまんど》記《き》』（農山漁村文化協会）、『マタギ　森と狩人の記録』（慶友社）がある。

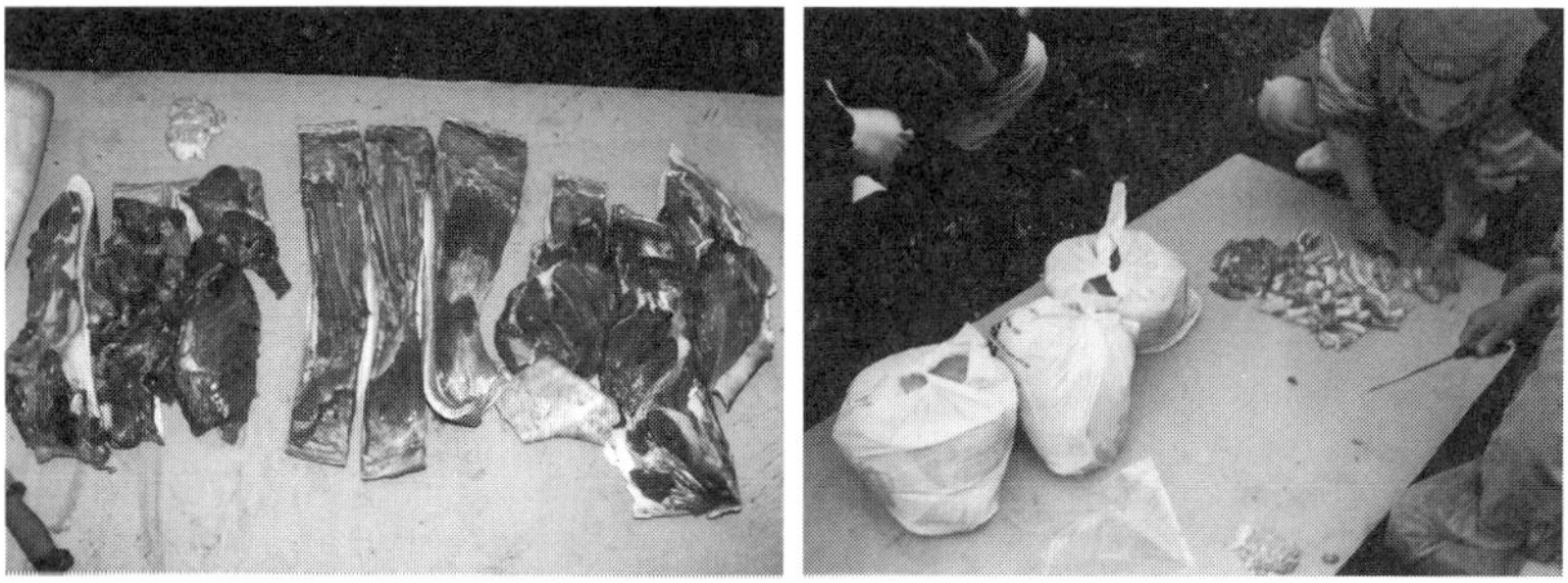

写真14　狩猟の平等分配

が落ちてきたりして動物を獲る（前ページ写真13）。供犠論研究会で訪ねた台湾の少数民族の村では、イノシシの罠猟に得意なおじさんがおり、彼は罠を仕掛けてときどき見回って獲物を得ていた。獲ったイノシシの下顎骨を大量に軒先につるしてあり、狩猟の名人だと自慢していたことを思い出す[19]。

　狩猟のフィールドワークで、もっとも印象に残ったのは、獲物の分配についてであった。これも供犠論研究会で、銀鏡《しろみ》や椎葉《しいば》の神楽見学を実施したが、とくに銀鏡では神楽舞台の神前に供えられたイノシシの生首が壮観であったことや、椎葉では見学者一同にまでイノシシ肉が配られたことが強く記憶に残っており、狩猟が山の重要な生業で、かつ霜月神楽というかたちで農耕儀礼と深く結びついていることが実感できた。

　二〇〇〇年に徹夜で椎葉神楽を見て仮眠し、川野和昭氏と車で鹿児島にもどろうとした熊本県五木村付近でのことであった。道の横の祠には、イノシシの心臓が串刺しで山の神に捧げられており、いまでも狩猟が盛んであることが理解できたが、そのうちにイノシシが獲れたという情報が耳に入った。

銀鏡や椎葉の神楽
宮崎県の高千穂山系の山間部の村々の神社で一一月におこなわれる夜神楽で、一般に高千穂神楽として知られ、国の重要無形文化財に指定されている。来年の豊穣を祈って三三番の神楽が夜を徹して演じられるが、狩猟神事の名残りも見られ、イノシシの生首や生肉などが捧げられる。なかでも西《さい》都《と》市の銀鏡神楽が著名であるが、椎葉神楽は椎葉村内二六地区でおこなわれる神楽の総称。

その場所を聞きだし、さっそく駆けつけてみると、すでに解体が始まっていた。聞くと犬を使って三人の猟師がイノシシを刀（槍刀）で仕留めたという。まず血をバケツにとり、次に腐りやすい内臓をとりだして、これを村のおかみさんたちに渡した。彼女たちは、沖縄の志喜屋の場合と同じように、内臓を血で煮こんだ鍋をつくって村人にふるまうという。

いよいよイノシシが精肉だけになった状態で、三人での分配が始まった。まず全体を胸部と腹部と臀部の三つに切り分け、そのうえでそれぞれを三等分し、各部位からひとつずつ計三つのくみ合わせをつくって白いビニール袋に入れた。それを各自が一袋ずつとって持ち帰るのである（写真14）。狩猟集団のあいだでは、獲物の平等分配がおこなわれるということは知識として知っていた。だが、肉は部位によって価値が異なるから、平等といっても単純ではないことに、初めて気がついた。たんに頭の中で図式的に理解しているのと、分配の現場を見たのではまったく異なり「平等」という概念が実感として理解できたことの意味は大きかった。頭ではなく、身体で了解できたような気がした。これこそがフィールドワークの醍醐味である。

さらにひとりの猟師が、嬉しそうにイノシシの頭を割りはじめた。彼の目的はイノシシの脳味噌にあった。彼が一番槍を突いたので、特別な権利があたえられたのであり、それは頭部の脳味噌であった。彼は脳味噌をとりだしてきれいに洗うと、自分のビニール袋に入れ、得意気に持ち帰った。一番槍には特権があると聞いていたが、これも脳味噌をとりだすのを見て納得した。ちなみにイノシシの鼻はさすがに食べないが、これはイノシシを追いつめた犬にご褒美としてあたえられた。その犬は喜んで、その鼻をかじりはじめたのである。わたしたちも皮に近い脂肪分の多い肉の一部をいただいたが、獲物の分配が実際

川野和昭
一九四九年生まれ。元鹿児島県黎明館学芸課長。九州・奄美地方の焼畑や狩猟に関する民俗にくわしく、ラオスでの民俗調査や研究も精力的におこなっている。共著に『人とモノと道と』（岩波書店）、『食と大地』（ドメス出版）、『焼畑の環境学』（思文閣出版）などがある。

にどのようにおこなわれるのかを実見できたことは最大の成果であった。

Ⅳ　食文化をめぐって——海外の事例から

わたしは日本史の研究者であるから、海外でのフィールドワークという機会は少ない。松井章氏から科研のプロジェクトの一部として、ニワトリの原型となる赤色野鶏が棲息するラオスを調査してみたいと相談を受けた。そこで長いことラオス北部の調査を続けてきた川野和昭氏を紹介したところ、実現することになり、わたし自身も参加することとなった（二〇〇九年・一〇年春・一〇年秋・一二年）。日本中世の村落の景観と生活というテーマで学位論文を出版したあとでもあり、日本の村を相対化するためには、絶好の機会だと考えたからである。すでに、その成果は活字化してあるが[20]、先にブタのナレズシを紹介したように、この調査は食文化研究にもおおいに役立っている。

そもそも二〇〇三年の東北芸術工科大学の共同研究で、初めてラオスを訪れていたが、このときに焼畑や浮き稲・野生稲などを、佐藤洋一郎氏の案内で見てまわることができた。佐藤氏の話では、ラオスの焼畑では一〇種類くらいの稲を焼畑にまくが、これは一種の保険で、水害に強い種類・旱害《かんがい》に強い種類などを混植すれば、平均的に安定した収穫が得られるという。稲以外にも、さまざまな作物を焼畑でつくっているが、このとき、古くからの疑問が氷解した。

それは、かつて宇野円空がマレーシア半島で調査した稲作儀礼の調査書を読んでいたときのことで[21]、畑に稲をつくりにいくという表現が随所に出てきて不思議な感じがしていた。

科研のプロジェクト
研究者の研究を発展させることを目的に、文部科学省、およびその外郭団体である独立行政法人日本学術振興会がおこなう「科学研究費助成」を活用しての研究プロジェクト。

佐藤洋一郎
一九五二年生まれ。総合地球環境学研究所名誉教授。農学者で、育種学から稲の研究に入り、遺伝学の立場から稲の起源や日本稲作の問題を多角的に研究している。著書に、『DNAが語る稲作文明 起源と展開』（日本放送出版協会）、『稲の日本史』（角川選書）、『イネの歴史』（京都大学学術出版会）などがある。

日本の水田稲作を当然のことと暗黙に了解していたわたしの偏見が、ラオスへ行って一気に崩れた。狭い日本史のなかでの水田の知識しかなかったのである。ラオス北部では、水田もあるが焼畑での稲作が主流で、彼らは焼畑の米のほうが水田の米よりも旨いという。ちなみに彼らは通常はモチ米を好んで食べており、ウルチ米はめったに口にしない。みずからの知識を相対化させるためにも、フィールドに出ることには大きな意味がある。

ラオス北部は竹が豊富な地域で、住居や生活用具にふんだんに用いるし、発酵させたタケノコを料理にも使うが、これとニワトリの肉と卵が、とりわけおいしく、調査の楽しみのひとつでもある。彼らは、農業以外に盛んに川漁をおこない、川魚をよく食べ、これから魚醤もつくる。巧みに川船を操るが、この船もみずから木を切り、板にして自分でつくる。もちろんブタもたくさん飼っており、米と魚とブタという米文化圏の三要素をみごとに具えている。また珍しいところでは、サナギの幼虫やコオロギの料理あるいはトカゲの料理もいただいた（写真15）。フィールドでは、その土地の食べ物を口にすることが食文化研究の基本だろう。

ラオス以外では、台湾と中国雲南省は供犠論研究会の科研調査で訪ねたが、札幌大学からの派遣でのウィーン留学をのぞけば、その他の海外旅行は、ほとんどが私費である。しかし海外にはできるだけ出かけるように心がけている。目的をもった調査ではなくとも、異文化を知ることは、みずからを相対化させることであり、ひいては日本の歴史を客観視させることができるから

宇野円空
一八八五－一九四九。戦前からの宗教学者・民族学者で、マレーシア半島を中心に、稲作儀礼の調査・研究をおこない、『マライシアに於ける稲米儀礼』（東洋文庫論叢）の大著をまとめた。

写真15　ラオスのトカゲ料理

である。

わたしの初めての海外旅行は、お隣の韓国で一九八五年のことであった。国立民族学博物館の石毛先生が主宰した共同研究「東アジアの食事文化」で知り合った山口昌伴氏の勧めもあって、一週間ほどソウル・温陽《オニャン》・天安《チョナン》・慶州《キョンジュ》をまわった。焼肉やキムチも日本で食べるものとは異なりおいしかったが、魚醤や穀醤が並ぶ市場がおもしろかった。もちろん内臓などが並ぶ肉食文化に沖縄との共通性も覚えたし、スンデというモチ米やデンプン麺を詰めたソーセージ状の血を用いた料理も興味深かった。

それ以来、しばしば韓国には通いつづけて、ほとんど全国を歩きまわり、さまざまな食文化を体験したが、食べ物そのものではなく飲食にまつわる商売でおもしろいものを見つけた。それはウイスキーの空き瓶屋で、ソウルの南大門市場で、おばあさんが屋台を出して売っていた（写真16）。これは高級ウイスキーの瓶に安物ウイスキーを詰めて客に出す悪徳バーの経営者を相手にするもので、わたしは子どものころに、家の隣にあったバー街で高級ウイスキーの瓶が高く売れるという話を耳にした記憶がある。それでソウルに行くたびに、南大門市場でウォッチングを続けていたが、一九九〇年代のはじめまであったと記憶する。正確に記録を残したわけではないが、韓国の経済成長にともなう市場や飲食店の変化を見続けてきたことは、日本の歴史の相似形を見せられたような点が多く、両国の関係性を考えるうえで役立った。

一九九三年一〇月から九四年九月までのウィーン留学も、食文化史を考えるうえで有意

写真16　ソウル南大門市場の空き瓶屋

山口昌伴
一九三七―二〇一三。元GK道具学研究所所長。元道具学会会長。世界中を旅して生活学・道具学・台所学を研究した。その興味は、台所の研究から道具全般のルーツや歴史・デザインをはじめ、生活スタイルや住まい方など幅広かった。著

義だった。もともとウィーンを選んだのは、ロンドンとイスタンブールのほぼ中間に位置して、東欧を見て歩くのに好都合だと考えたからであった。ハンガリーではウィーン大学民俗学の先生方と村落調査をおこなうことができ、民間人の家庭に泊まりこんで食事を共にしたりして、おおいに勉強になった。(22)

とにかくウィーンを拠点に、東欧を中心として、スペイン・ポルトガル・ロシア・エジプト・モロッコ・アルゼンチンなどにも足をのばし、博物館と村と食文化を見て歩いた。とくにウィーンでの成果は、キリスト教徒もクリスマスには肉食を禁じていることを目の当たりにしたことだった。市内にナッシュマルクトという市場があり、しばしば出かけたが、いつもは肉屋のほうが混んでいるのに、クリスマスばかりは、魚屋に行列ができて肉屋はガラガラだったことである。東西の肉食禁忌について考える手がかりとなった。

これまで好き勝手に五〇以上の国々を見て歩いたが、私費で参加しつづけた旅行ツアーのうち勉強になったのは、**古曳正夫**《こびきまさお》氏が主宰しているハルブーザの会と、わたし自身が仲間を誘って計画した自称・原田ツアーである。ハルブーザの会では、ウズベキスタン（二〇〇二年）からウクライナ（二〇〇三年）・イラン（二〇〇四年・〇五年）・東トルコ（二〇〇六年）・東ギリシャ（二〇〇七年）などに参加したが、通常では行きにくい地域ばかりであった。

この中央アジア地帯には、ラグマンという麺料理があり（次ページ写真17）、石毛先生が提唱した**麺文化の東西交流論**を、(23)みずから体験的に理解できたことは貴重だった。またピロウ（ピラフ）という米料理が麦文化圏にも入りこんでいるほか、イランなどでも料理に

書に、『図説台所道具の歴史』（柴田書店）、『台所空間学』（建築知識）、『水の道具誌』（岩波新書）などがある。

古曳正夫
一九三七年生まれ。元弁護士。ハルブーザの会を主宰。在職中からイスラム文化や中央アジア史などに興味をいだき、シルクロードから北アフリカにいたる各地を旅行し、国立民族学博物館名誉教授・加藤九祚《きゅうぞう》氏のウズベキスタンの仏教遺跡「カラテパ」の発掘調査にも参加している。著書に、『条文にない債権回収のはなし』（商事法務）、『ヘロドトス「歴史」読書地図帳』（東海大学出版会）などがある。

写真17　ウズベキスタンのラグマン

は必ずといってよいほどインディカ米のつき合わせが出され、彼らは好んでこれを食べていることも興味深い。ただ、これは昼食と夕食の場合で、朝食に米飯が出ることはまったくない。朝食に古い伝統が残されているのだと感じた。

　麦文化圏のパンについては、ウズベキスタンで貴重な体験をした。小麦は乾燥地帯に強い植物で、とくにサマルカンドの大きなパンは、一〇年から一五年は保存できるという。ちなみにドイツの博物館で聞いた話では、農家でパンを焼くのは月に一回で、家の棟木に三〇ほどの釘を打ち、これに一日分ずつ、つるしておくという。とにかくパンを常食とする乾燥地帯では、その保存に適した気候となっている。そこでわたしは、サマルカンドのパンを購入して日本に持ち帰った。すると驚いたことに四日めには、すぐにカビが生えはじめた（写真18）。高温湿潤な米文化圏では、パンがまったく保たないのである。麦文化と米文化の違いを体感的に納得させられたのであった。

　個人的な原田ツアーでは、ベトナム（一九九九～二〇〇一年）・韓国（二〇〇三年）・サハリン（二〇〇四年）・ミャンマー（二〇〇五年）・チベット（二〇〇六年）・台湾（含：緑島・金門二〇一二年）・インド（二〇一三年）・外モンゴル（二〇一四年）・ラオス（北部二〇一五年・南部二〇一七年）などを訪れた。基本的には東南アジアが中心で、その周辺に足をのばしたに過ぎないが、それぞれの土地特有の食文化の様相を知ると同時に、ひとつの文化

麺文化の東西交流論
トルコ東部で栽培化された小麦が、シルクロードを通って中国に伝わり、ここでグルテンの粘性を利用した麺が生まれた。そしてこの麺が、再びシルクロードを逆流して、最終的にはスパゲティとなったとする議論。

写真 18　左：サマルカンドのパン。右：日本に持ち帰って 4 日めに生えた白いカビ

圏として共通する特色が存在することが見いだせる。これは日本の食文化との比較においても該当することで、それぞれの地域の独自性と日本との共通性が読みとれる。

　サハリンは、もちろん麦文化圏に属するが、さすがに魚類とのくみ合わせが豊富であった。もちろん肉や乳製品も食用とするが、独自のバリエーションをもった麦文化だと感じた。サハリンには、日本の植民地時代に、多くの朝鮮人が移住したが、彼らは一九四五年の終戦時に母国に国家がなかったために帰国できずに、そのまま残留した。その数は三〜四万人ともいわれているが、勤勉な彼らはサハリンで豊かな暮らしを手にした者も多く、市場へ行くと中国経由できた韓国の日常用品があふれている。なかでもキムチ売り場が目立ち、祖国を離れ長い年月がたっても、慣れ親しんだ食文化には、独自の根強い生命力があることを実感させてくれた。

　インドでは、やはり香辛料の豊かさに感動したが、北部だけだったので、南部の米と魚食文化との違いをみることができなかった。

　ミャンマーでは食べるお茶の体験が貴重だったほか、ミャンマーからの留学生に同行してもらったので、日本人観光客向けでないレストランで食事をしてみると、油の使い方など独特の味覚があり、一般の旅行の食事には落とし穴があることを痛感した。

チベットのラサでは、ホテルの朝食に粟だけの粥があったので、試食してみたが、われわれにはかなり物足りない味であった。それでも初源において粟の栽培がもたらした成果が大きかったことは事実で、その味を確認しえたことはよい体験だった。

かつて内モンゴルでは、ゲルで一〇種類ちかい乳菓子をミルク茶でいただいたことがあり、同じ原材料なのにすべて味が違うことに気づいた。話を聞くと発酵の度合いの調整で味が変わるのだという発酵の技術の高さに驚かされつつ、馬乳酒を楽しんだ。また、内モンゴルでは草原への漢人の進出が著しく、そこを畑にしてソバをつくっているという。日本への輸出が目的で、こうした草原破壊によって、わたしたちは安い立ち食いソバが食べられることに気づかされた。

ベトナムは、南部・中部・北部とまわり歩いたが、この国の料理文化の高さには驚かされる。一説に中国料理とフランス料理の影響だと聞いたので、ホーチミンでフランス料理を食したがたいしたことはなかった。中国料理の影響はたしかに見られるが、フランスパンが普及している以外には、直接的なフランス料理の影響はないように思われた。

概して東南アジアは、魚醤の使用度が高く、タイのナンプラー・ベトナムのニョクマムが広く知られるが、インドネシアのサンバルもすぐれた魚醤でナシゴレンには不可欠の調味料である。いずれにしても東南アジアの食文化には、日本との共通性と微妙な異質性が同居しているので、日本の食文化を考えるうえで、食べ歩くだけでもよいフィールドワークとなる。

ナシゴレン
インドネシアの炒飯料理。ナシは飯、ゴレンは揚げるの意で、実際には炒め料理であるが、英語のフライドライスと同じ表現法。ニンニク・トウガラシのほか牛肉や鶏肉・エビなどと炒める。つき合わせには、エビ味の揚げセンベイや目玉焼きなどが添えられる。

Ⅴ　食文化研究におけるフィールドワーク

以上、これまでわたしが国内外で見てきた食文化史上の重要と思われる問題点について、思い出話風に綴ってきたが、はじめから明確な調査目的をもっておこなったフィールドワークばかりではなく、さまざまな機会に予期せず目にしたものも少なくない。これまで村落史研究の場合には、明確な目的をもって調査地を定めたが、食文化史については体系的な調査をおこなった経験は少ない。小稿で紹介した以外にも、さまざまなフィールドワークをおこなってきたし、国内外をまわった際に、部分的ではあるが興味深い発見に出会ったこともある。とくに食文化史研究に関しては、旅先での市場やスーパー・デパートの食料品売り場や旅館・食堂などでの食事の観察が、貴重な成果となることが多い。

わたしの歴史研究の出発点は、文献研究にあり、古文書学や書誌学の厳密な手法を学ぶことができたが、やがては、それ以上にフィールドワークによる勉強が、研究に重要な位置を占めるようになった。村落史の研究においても、論文などに使用した史料の現地には、できるかぎり足を運ぶことにしている。さすがに一〇〇%とまではいかないが、わたしの書いた論文や著書に登場する地名の七〇～八〇%程度は、実際に見聞しているはずである。そして実際に現地に立ってみると、史料の解釈が変わってくるという場面にしばしば遭遇している。それも場所によっては、何度も何度も足を運んでいるうちに見えてきたことも少なくない。

先にも書いたように、フィールドワークで、つまりみずからの目で確かめることは重要であるが、それはあくまでも眼前の事実であって、その背後には膨大な過去の歴史が集積されているのである。したがってフィールドワークで重要なことは、現地を見て歩き聞いて歩くほかに、従来の研究史などで、眼前の事実を検証しつづけるという態度である。文献のみの研究も不充分だと考えるが、過去の現実や環境条件の検証を欠いたフィールドワークもまた危険である。あくまでもフィールドワークの本質は、現物・現状をみずからの目で確かめることにあるが、研究の本質は、その奥に存在する真実を追究するところにある。

真実をえぐりだした研究論文から多くを学ぶことはできるが、それは読む側の観念のなかだけの世界にとどまる。ほんとうの意味で真実を納得するには、頭の中だけでなく、みずからの視覚や聴覚・感覚で実感することが、いちばん大切だと考える。たんなる知識は脆弱で、身体的に裏打ちされた実感こそが強い力となる。われわれは多くの文献を読んで、さまざまな知識を身につけているが、これを頭での理解でなく実感として納得できるようになると、その知識は論理をくみ立てるときに、非常に有意義な力を発揮する。フィールドに出るまえに、下準備をしておくことは重要であるが、実際にはフィールドに出てから、それらの文献を読みなおすと、今度はおもしろいように、その地域に関する知識が頭の中に入ってくる。いずれにしても真実を追究する研究過程において、最大の武器となるのは実感された知識である。

これを養ってくれるのがフィールドワークである。フィールドワークをとおして得た力強い知識は、まちがいなく論文の骨となる。強靱な骨格をもたない論文は、読む側にあたえるインパクトが弱い。とりわけ食文化研究においては、その地域の風土つまり気候や地形を体験しておくことは重要であるし、食材については名前だけでは何もわからず、何よりも味覚は現地でしか味わえない。各地の料理あるいは食文化をとり巻く環境や、その地域での食の生産のあり方を知るにもフィールドワークを欠かすことはできない。未知の食文化を知ることが、みずからの食文化を理解することにもなるのである。

〈参考・引用文献〉

(1) 原田信男「南北朝・室町期における「惣」的結合の成立」『地方史研究』一五二号　一九七八年
(2) 原田信男「中世村落における食生活の様相」『飲食史林』四号　一九八二年
(3) 木村礎編『村落景観の史的研究』八木書店　一九八八年
(4) 原田信男『中世村落の景観と生活　関東平野東部を中心として』思文閣出版　一九九九年
(5) 渡部忠世『稲の大地』小学館　一九九三年
(6) 原田信男「田と畑　近世初頭における水田志向について」『歴史公論』九五号　一九八三年
(7) 石毛直道ほか『魚醤とナレズシの研究　モンスーン・アジアの食事文化』岩波書店　一九九〇年
(8) 原田信男「天明期料理文化の性格　料理本『豆腐百珍』の成立」『芸能史研究』七〇号　一九七九年
(9) 原田信男『江戸の料理史　料理本と料理文化』中公新書　一九八九年
(10) 利根川食生活史研究会『利根川中流畑作地帯における農村の食生活　埼玉県大里郡妻沼町俵瀬の場合』私家版（『埼玉民俗』一二号、一九八三年に抄録掲載）　一九八二年
(11) 利根川食生活史研究会『利根川上流山間地帯における農村の食生活　群馬県利根郡水上町藤原の場合』私家版（『群馬歴史民俗』六号、一九八五年に抄録掲載）　一九八三年
(12) 利根川食生活史研究会『利根川中流水田地帯における農村の食生活　千葉県印旛郡印西町大森地区の場合』私家版（『千葉史学』七・八号、一九八五・八六年に抄録掲載）　一九八四年
(13) 利根川食生活史研究会『利根川下流河口地帯における漁村の食生活　茨城県鹿島郡波崎町波崎地区の場合』私家版（10〜13は、いずれも国会図書館・味の素食の文化センター蔵）　一九八五年
(14) 原田信男「北海道と沖縄の食文化に関する比較史的研究」『季刊 vesta』一四号　一九九三年
(15) 米田穣「縄文時代における環境と食生態の関係」『季刊 考古学』一一八号　二〇一二年
(16) 安里進「7〜12世紀の琉球列島をめぐる3つの問題」『国立歴史民俗博物館研究報告』一七九集　二〇一三年
(17) 原田信男「ハマエーグトゥと沖縄の動物供犠」『捧げられる生命』御茶の水書房　二〇一二年
(18) 佐藤洋一郎監修、原田信男・鞍田崇編『焼畑の環境学　いま焼畑とは』思文閣出版　二〇一一年
(19) 佐藤宏之「台湾におけるイノシシの跳ね罠猟」『東アジアにおける人と自然の対抗／親和の諸関係にかんする

宗教民俗学的研究』中村生雄編、科学研究費研究成果報告書（課題番号：一六三二〇〇一一）二〇〇二年
(20)原田信男「ラオス北部村落の景観と農民」『季刊 東北学』二九号 二〇一一年
(21)宇野円空『マライシアに於ける稲米儀礼』東洋文庫論叢第二八（再版：一九六六）一九四一年
(22)原田信男「東欧農村の景観と生活　ハンガリー南部ドイツ系開拓農村見聞記」『地方史研究』二六四号　一九九六年
(23)石毛直道『文化麺類学ことはじめ』フーディアム・コミュニケーション　一九九一年

原田信男（はらだ・のぶを）

一九四九年栃木県生まれ。初めての自分のフィールドである和歌山には、アルバイトと親の援助で買った中古のニコンFと大きな三脚を担いで赴いた。旧家の古文書を撮影するためである。文献史学で現物を見るという鉄則はたたきこまれていたので、研究対象の現地に立つということの重要性は、フィールドに出てもすぐ理解できた。もともと旅は好きで、それぞれの土地の生活に興味があり、フィールドでさまざまな発見に出会うときほど楽しいことはない。

＊　＊　＊

■わたしの研究に衝撃をあたえた一冊『稲を選んだ日本人　民俗的思考の世界』

関東平野東部の調査を始めたころに、姉妹編の『イモと日本人　民俗文化論の課題』とともに読んで、深い感銘を受けた。同地域は、いまでこそ水田地帯であるが、かつては畑地が主流を占めていた。そうしたなかで、一生懸命、水田開発に努力してきた先人たちの苦労を実感していたので、この本を読んで日本における畑作と稲作との複雑な対抗関係が、歴史的に理解できるようになった。文献史学の弱点をどう乗り越えるか、きわめて示唆に富む内容で、わたしの視点の核を築かせてくれた。

坪井洋文著
未來社
一九八二年

Ⅲ部

海の幸を利用するサルたち

——辻　大和

1　野外でサルを観察する

わたしは、霊長類（サル）の採食行動を専門に研究している。

わたしの調査は、朝から夕方まで彼らについて歩き、どこで何を食べているのかを記録することから始まる。サルたちはトゲだらけの植物のやぶを平気で通りぬけ、切り立った崖をがしがしと登ってゆくので、見失わないようにあとを追うのはたいへんだ。彼らが口にした食物の写真を撮ったあと、サンプルを持ち帰って種を同定したり、栄養成分の分析をしたりする。サルたちが利用できる食物の量を評価するために、植生調査を実施することもある。体力勝負の仕事だが、ちょっとした役得もある。日当たりのよい場所にやってくると、サルたちは動きを止め、友だちどうしや親子で毛づくろいを始める（写真１）。倒木に腰を下ろし、気持ちよさそうに寝そべる彼らを眺めていると、日ごろの雑務を忘れてのんびりした気分になる。コドモたちの追いかけっこや、オトナたちの

写真１　毛づくろいをする二ホンザルの群れ

恋のかけひきを観察しながら、彼らの気持ちをあれこれ想像するのは楽しいものだ。食べ物についていえば、彼らについて歩くことで、わたしは調査地内の植物の名前や生育場所を教えてもらった。わたしにとってサルは、フィールドにおける先生というべき存在だ。

2　たくましく生きるサル――アジアに暮らすマカク類

読者の皆さんは、サルは森で暮らす生き物だと思うだろう。ところがアジアに暮らすマカク類（*Macaca* spp.）というグループは、森林への執着がほかのサルよりも低く、比較的開けた乾燥林や市街地でも生活できる種が多い。多様な環境に対応できるたくましさをもつため、多くの霊長類が絶滅の危機に瀕するなかで、マカク類は広い範囲に分布を広げ、繁栄したグループとなっている。

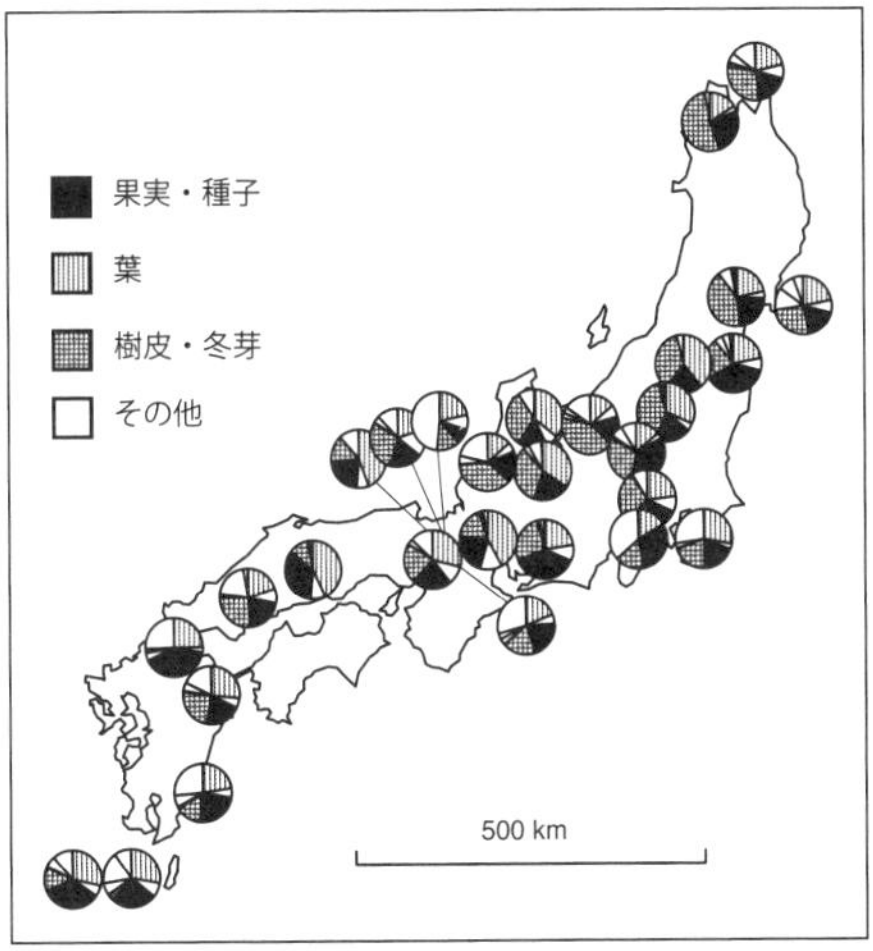

図１　ニホンザルの食物構成の地域変化

彼らのたくましさは、食べ物にも見いだせる。ある植物に限っても、果実や葉はもちろん、花・芽・樹皮など、さまざまな部位を食べるのだ。シダ植物やキノコ、地衣類に加え、節足動物・トカゲ・カエル・鳥の卵などの動物質も利用する。

マカク類
マカク類は、霊長目オナガザル科マカク属にふくまれる、半地上・半樹上性のサルの総称である。おもにアジア地域に分布する。ニホンザルは、マカク属のなかでもっとも高緯度地域に分布する。マカク類のほとんどの種が長い尾をもつなかで、ニホンザルの尾は例外的に短い。

民家に侵入して食料品を失敬したり、農作物を食い荒らしたりするため、ヒトとのあつれきがしばしば問題になる。

前ページ図1は、全国二九か所のニホンザル（*Macaca fuscata*）の食物構成をおおまかに示したものだ。北日本では樹皮・冬芽の割合が高いが、南日本ではその他の割合が高いことがわかる。食性の地域差を生みだしている最大の要因は、冬季の積雪だ。雪深い北日本では、深く積もった雪が地上の食物資源をおおい隠してしまうから、ここで暮らすニホンザルは冬に木に登って樹皮を食べざるを得ないのだ。ニホンザルに代表されるように、マカク類の基本的な食性は、生息地の食物環境の影響を受けている。

写真2　牡鹿半島から見た金華山島
（2015年11月）

3　海藻を食べるニホンザル

宮城県・牡鹿《おしか》半島の先端に、鮎川という町がある。かつては捕鯨基地として栄え、現在は定置網漁とサケ・ワカメの養殖が盛んなところだ。鮎川でボートをチャーターし、半島をぐるりとまわって太平洋に出ると、東の沖にわたしの調査地のひとつ、金華山島《きんかざんとう》が見えてくる（写真2）。面積は約一〇平方キロとそれほど大きな島ではないが、恐山（青森県）、出羽三山（山形県）とならぶ、東北三大霊場のひとつとして有名で、とくに島の北西部に祀られている黄金山神社には、多くの参拝客が訪れる。この島には現在六つのグループ、約二五〇頭のニホンザルが生息しており、わたしは二〇〇〇年から、神社の周辺に行動圏をもつ群れを対象に調査を続けている。

夏や晩冬にサルの調査をしていると、彼らが林を出て、海岸に向かってかけおりてゆくことがある（写真3）。切り立った崖なので、わたしはうっかり足を滑らせないよう、慎重についてゆく。岩がごろごろしている海岸に到着すると、サルたちは打ち寄せる波を気にしつつ、岩から岩へと飛び移り、その都度、磯をのぞきこむ。次いで岩に歯を立てて何

写真3　海岸にやってきたニホンザルの群れ

写真4　海藻を食べるニホンザルの親子

かをはぎとろうとする。手を磯に突っこんでかきまわす個体もいる。サルが顔を上げたとき、口に何か黒いものをくわえている。どうやら巻貝のようだ。貝を口に入れてしばらくもぐもぐしているかと思うと、やがて殻だけ吐きだす。別のサルは、大きな海藻を口にくわえると、波を避けるためか磯から離れた場所に移動してから食べはじめる。そう、この島のサルたちには、「海産物を食べる」という変わった習性があるのだ（前ページ写真4）。

数年間の観察により、わたしの調査対象のサルたちは、少なくとも五種（ワカメ、ヒジキ、チガイソ、マツモ、イワノリ）の海藻と、二種の貝類（タマキビの仲間、カサガイの仲間）を食べることがわかった。また海藻・貝食いは、オス、メスともにあらゆる年齢の個体がおこなうこともわかった。海岸までわざわざ食べにいくのだから、海産物は、それなりに栄養価が高いのだろうか？　海藻や貝類を採集して持ち帰り、成分の分析をしたところ、海産物は単位重量当たりのタンパク質含有量こそ高かったものの、脂肪含有量やカロリー含有量は植物のそれよりも低く、特別にすぐれた食物というわけではなかった。ただ、海藻や貝は磯に豊富に存在するため、たくさん食べればそれなりに多くの栄養分を獲得できるはずである。

じつは、サルが海産物を利用する夏や晩冬は、山の食物が不足する時期だ。冬はともかく夏に食物がない、というのは意外かもしれないが、夏は利用可能な果実が乏しく、葉も硬くなり消化しにくくなるので、食物としての価値が低下するのだ。もともと金華山島のような冷温帯は、南のような暖温帯より森林の生産性が低い。また、この島ではサルの生息密度が高いため、個体あたりの資源量が少ない。金華山島のサルは、海産物という、比較的安定して供給される資源を食物としてとりこむことで、みずからの栄養不足を補うよ

森林の生産性が低い

森林の生産性の問題に加え、同所的に生息するニホンジカの影響も無視できない。金華山島には約五〇〇頭のシカが暮らしており、これは他地域にくらべ一〇倍ちかくの高密度である。シカは森林の下層の植物を食べてしまうため、この島では後継ぎとなる植物がなかなか育たない。シカの採食圧は、サルの食物事情にも影響しているはずである。

うになったのだと考えられる。おもしろいことに、サルが海産物を利用するのは、引き潮の時間帯が多い。サルたちは、自分たちのいる場所から海岸までの距離と現在の時間とを考慮して、いつ海岸に向かうべきかを判断しているようである。

4　魚を食べるカニクイザル

金華山島でのニホンザルの研究で学位をとったあと、わたしは二〇一〇年から、インドネシアで新たにサルの調査を始めた。調査地は、西ジャワ州のパガンダランという、インド洋に突きでた半島である。半島のつけ根にあたる部分に人びとが暮らし、大部分は自然保護区になっている。パガンダランは漁師町であり、また海水浴客でにぎわう観光の町だ。道沿いには新鮮な魚やエビ、カニを味わえるシーフードレストランが立ち並び、週末にはバンドンやジャカルタなどの大都市から、大勢の観光客がやってくる。自然保護区周辺の海岸には、エビの漁船だろうか、二人乗りの小型ボートが幾艘も並んでいた（写真5）。保護区内では、仕事を終えた漁師が、バケツいっぱいの魚をリヤカーに乗せて運んでいく姿をよく目にした。

写真5　パガンダランの港

保護区には、ルトン（*Trachypithecus auratus*：葉食性

インドネシアで新たにサルの調査

日本では食物環境の年変化とニホンザルの個体群パラメータとの関係を調べていた。同様な結果が温帯とくらべ食物環境が安定している熱帯でも成立しているのかどうか確かめたい、というのが海外調査を希望した表向きの理由だが、実際はもっと単純。自分の調査地を一からつくりたかったのだ。

写真 6　パガンダラン自然保護区に生息する生き物
a) ジャワルトン、b) ルサジカ、c) サイチョウ、d) ヒヨケザル、e) オオリス、f) ミズオオトカゲ、g) センザンコウ、h) オオコウモリ、i) ラフレシア

写真 7　ルトン（左）とカニクイザル（右）

のサル）とカニクイザル（*Macaca fascicularis*：ニホンザルと同じマカク類）という二種の霊長類をはじめ、シカやリス、オオコウモリ、センザンコウといった哺乳類、サイチョウなど多様な生き物が暮らしている（写真6、7）。わたしは二種のサルのうち、研究が乏しいルトンの調査を優先しておこなうことにした。カニクイザルは、一九六〇年代から各地で多くの研究がなされてきたし、ここの個体群は観光客からエサをもらって暮らしていたため（写真8）、研究対象としての魅力をあまり感じなかったのだ。ルトンたちが樹上で葉や果実をかじっていると、カニクイザルの群れが近づいてくることがあった。カニクイザルに気づくと、ルトンたちは蜘蛛の子を散らすように逃げてゆく。ルトンはカニクイザルよりもひとまわり大きいのだが、その場に残って戦いを挑むことはほとんどなかった。わたしは「せっかく観察していたのに！」と舌打ちして、逃げだしたルトンについていったものである。

写真8　観光客から食べ物をもらうカニクイザル

ある日、ルトンたちが海岸に生えているハイビスカスの木で若葉を食べていた。砂浜では、ボートのそばで数人の漁師が漁網の手入れをしていた。彼らは、網にからまった雑魚や足のとれたカニを網から次々に

写真9　漁師が捨てた魚を拾って食べるカニクイザル。a）タチウオ、b）フグ、を食べている

外しては砂浜に放りだしてゆく。少し離れた森林では、カニクイザルが五、六頭、地上で草をむしっている。数時間後、作業を終えた漁師たちが歩き去ってゆくと、ほどなく先ほどのカニクイザルの群れがやってきた。個体数が少し増えている。そして、先ほどまで漁師が作業をしていた砂浜で、ボートのそばに投げ捨てられたカニを拾って食べはじめた。まぁ、「カニクイザル」というくらいだからカニを食うのは当たり前ではある。ところがその直後、別の個体が自分の頭ほどの大きさがある魚を、両手でつかんで食べはじめたのである（写真9-a）。「えっ、カニクイザルが生魚を食べるの？」初めて見る光景に、わたしは驚き、ルトンの観察を中断して見入ってしまった。

二〇一一年から一二年にかけて、インドネシアの研究者とこの行動を調査した結果、この行動は年齢・性別を問わず見られることがわかった。魚の身だけでなく、生臭くて敬遠するはずの内臓も食べていたことから、魚を食べる習性を身につけてから、少なくとも数年はたっているといえそうだ。共同研究者によれば、これまでにタチウオ、イシモチ、グルクマ（サバの仲間）、ポニーフィッシュ、タカサゴなどの魚の採食が記録されたという。一度だけだが、わたしは一頭の若いオスザルが大きなフグを食べているのを観察したことがある（写真9-b）。この個体がその後どうなったのか、わたしは知らない。まだ元気で暮らしているだろうか。

パガンダランにおけるカニクイザルの魚食いは、わたしの先輩がここで調査をしていた一九七〇—九〇年代には一度も観察されたことがない。なぜ二一世紀になってこのような行動が始まったのだろうか。大きな要因として考えられるのは、保護区のカニクイザルをとり巻く状況の変化だ。インドネシアでは、一九九七年に始まったアジア経済危機の影響で、それまで政府の権威のもとでしっかり管理され、出入りが規制されていた自然保護区内を、漁師や森林ガイドが自由に往来するようになった。もともと、観光客の食べ物に強く依存してきた保護区内のカニクイザルの個体数は約三〇〇頭と飽和状態に達しており、慢性的な食物不足の状態にあったようだ。漁師の活動は保護区内に魚介類という資源を新たに供給することになり、カニクイザルはこの資源を食物として新たにとり入れたのだと考えられる。食物不足が新しい食性を生みだしたという点で、金華山島のニホンザルの海藻食いと状況は似ている。

マカク類による海産物の利用は、ベトナムのアカゲザル、タイ・ミャンマーのカニクイザルでも報告がある。とくに後者では、カニクイザルたちは石をハンマーのように使って、カキの殻を割って食べるという。これらのユニークな行動は、世代を超えて群れの構成メンバーに受け継がれてゆくのだろうか。周囲の食物事情が変わっても、維持されるのだろうか。この問いに答えるには、多くのサルを個体識別し、個体ごとの海産物採食行動の有

個体識別
わたしは観察中に写真やビデオを撮影し、あとで特徴をノートに書きこむ方法で識別をすすめていった。マカク類は顔に毛が生えていないので、ほかの種よりも識別が容易だとされているが、わたしは恥ずかしながら同僚にくらべて識別能力に劣るようで、ひとつの群れの個体識別が完了するまでに数年を要した。

無、採食法の詳細と、成長にともなう関連行動の獲得の過程、親から子への伝播の有無、といった基礎データを、こつこつと集めていく必要がある。

5　フィールドワークのつらさと楽しさ

野生の動物、とくにサルのような寿命の長い種を対象にした調査は、まとまったデータが得られるまでに最低でも数年かかり、他の分類群の研究にくらべ成果物の公表が遅れる傾向がある。一回の調査では、早朝から夕方まで、数日間ぶっ通しの調査が必要になる場合もあるが、調査中はつねに体調が万全とは限らないし、何日探してもサルが見つからないときは、すっかり気が滅入り、布団で寝ていたい誘惑にかられる。そのような状況で、調査のモチベーションを維持するのはたいへんである。研究がすすまないことにイライラがつのり、まわりに当たってしまったことは何度かあった。ごめんなさい。

わたしはなぜ、そんな調査を二〇年ちかくも続けることができたのだろうか。動物が好きだから、というのももちろんあったと思うが、調査に行くたびに新たな発見があったから、というのも大きい。本章で紹介した、サルの海産物利用は、金華山島、パガンダランいずれにおいても研究計画に入っていたわけではなく、観察の際にた

写真10　金華山島でサルを観察する筆者
（2000年5月、撮影：高槻成紀氏）

またま目にした行動に興味をもったのがきっかけで発展した研究テーマだ。フィールドでの新たな発見は、現場にはりついて汗を流した者だけに許された特権だ。自然界の新たな一面に、最初に気づくことができた喜びと、それを世界に発信する高揚感。それが、わたしをフィールドにかりたてた最大の理由だと思う。ありがたいことに、わたしは大学に職を得て、好きな研究で食べていける立場となったが、半面、野外でじっくり腰をすえて調査する時間は以前よりも少なくなってしまった。限られた時間のなかで、サルたちの新たな一面をいかにして探っていくか。これがわたしの現在の課題だ。

6 フィールドワーカーは被災地といかに向きあうべきか？

最後に、被災地と研究者との関係について述べておきたい。じつは、今回紹介したふたつの調査地は、いずれも津波の被災地である。とくに、金華山島をふくむ三陸沿岸域は、二〇一一年三月一一日に発生した東日本大震災とそれにともなう津波により、未曾有の被害を受けた。島は地盤沈下によって桟橋が水没し、山道の崩落、神社の建物の倒壊などの被害があった。わたしは震災から半年後にお見舞いに行ったが、地元の方々にいったいどのような声をかけるべきかわからず、黙って話を聞くことしかできなかった。野外調査はしてきたが、地元の人びとの暮らしのことを知らないわたしに、いったい何がいえるだろう、という遠慮があったかもしれない。

震災から六年あまりが過ぎたいま、島周辺のインフラは修復がすすみ、神社関連施設の改修工事も本格化した。人びとはもとの暮らしをとりもどしつつあるが、今後も息の長い

写真 11　金華山島の桟橋付近。震災直後に地盤沈下した桟橋が、その後の工事で底上げして復旧した。休憩所もできた（2017 年 8 月撮影）

支援が必要と思われる。わたしたちフィールドワーカーが、被災地のためにできることはなんだろうか。わたしは最近、それは現地をとり巻く状況が変わっても、これまでどおり調査に通いつづけ、地域とのつながりを維持すること、そして研究を通じて明らかにした生き物の魅力を多くの方に伝え、興味をもった人びとが現地に足を運ぶきっかけを提供することではないか、と考えるようになった。たとえば、地域と共同して市民向けの観察ツアーを企画する、テレビや新聞など影響力のあるメディアに動物を紹介してもらう、といった貢献はできないだろうか。わたしは活動研究と並行して、研究者と被災地と関係のあり方についても模索していきたい。

〈参考文献〉

（1）三谷雅純・渡邊邦夫「植生と霊長類個体数の変動を中心にしたパンガンダラン自然保護区の２００８年の現

状」『霊長類研究』25: 5-13　二〇〇九年
（2）Tsuji Y., and Kazahari N.（in press）Maritime macaques: ecological background of sea food eating by wild Japanese macaques（*Macaca fuscata*）. In: Barnett A., Matsuda I., and Nowak K.（Eds.）Primates in Flooded Habitats: Ecology and Conservation. Cambridge University Press, Cambridge.
（3）Islamul Hadi（2013）Food-related innovative behaviors of the macaques. Doctoral thesis, Bogor Agricultural University, Indonesia.
（4）Tsuji Y., Hanya G., and Grueter C.C.（2013）Feeding strategies of primates in temperate and alpine forests: a comparison of Asian macaques and colobines. Primates 54: 201-215.

辻　大和（つじ・やまと）

初めてのフィールドワークは一九九九年。わたしが大学三年生の夏だった。先輩のシカ調査の手伝いで、本書でも登場した金華山島を訪問した。その島でのちの恩師と出会い、この島のニホンザルの研究をすることになったのがきっかけで、国内はもとより、アフリカ（コンゴ民主共和国、ウガンダ）、アジア（インドネシア、タイ、ベトナム）で霊長類を中心とした哺乳類の採食生態を研究している。一九七七年北海道生まれの富山県育ち。現在は京都大学霊長類研究所・助教。

＊　＊　＊

■わたしの研究に衝撃をあたえた一冊『原猿の森　サルになりそこねたツパイ』

謎に包まれていたツパイ（当時は霊長類の仲間にふくまれていた）の生態を明らかにしようとする著者の奮闘を描いている。食物や行動圏、活動性などはもちろん、ツパイの社会行動の詳細がしだいに明らかになっていくようすが生き生きとした文章で綴られている。研究の紹介にとどまらず、適切な調査地を探すまでのプロセスや研究生活の裏側についても書かれているため、フィールドワークの実情がよくわかる。これから野生動物を相手に研究をしようとする若者はぜひ手にとってほしいと思う。

川道武男著
中央公論社
一九七八年

韓国の高齢者の食

――守屋亜記子

1　はじめに

わたしが勤務している大学は、管理栄養士や栄養士など食と栄養の専門家を養成し、社会に送りだしている。栄養バランスのよい献立を立てる力だけでなく、おいしい料理をつくる調理技術を養うため、調理実習は必修科目となっていて、就職を見据えて学校や社員食堂、高齢者福祉施設等での給食づくりを想定した調理実習もおこなっている。

昨年、わたしは「高齢者福祉施設の昼食」をつくる実習に食べ手として参加した。実習室の入り口には、「七〇歳の高齢者になったつもりで味わい、アンケートに答えてください」と書かれていた。その日の献立は、ご飯、味噌汁、魚料理、ラタトゥイユ（欧風野菜煮こみ）、ナスの煮物で、ご飯はやわらかめに炊いてあり、ラタトゥイユも野菜を小さめにカットするなど、咀嚼力が低下しても食べやすい工夫が見られた。

栄養価と塩分が計算された献立は、もちろんおいしかった。しかし、食べ終わってアンケートに答える段になって、はたと困った。四〇代のわたしは、たしかにおいしく食べたが、はたして七〇代のわたしはこの味をおいしいと思うだろうか。入れ歯で食べたら、実際どんな味わいになるのだろう。はたまた施設で暮らすようになったら、こんな立派な献立を毎日毎食、食べつづけて飽きないだろうか等々、アンケートを前に答えに窮してしまったのだ。

人はだれしもいつかは高齢者になる。自分が高齢者になったときに何をおいしいと思い、何を食べたいと思うのか、それは実際に自分が高齢者になってみないとわからないのではないか。学生たちがつくった献立は、たしかに栄養バランスがとれていて、しかもおいしかった。きっと、高齢者の健康にも資するのだろう。けれども、高齢の人びとが求める食は、必ずしもそのようなものとは限らないのではないか。

わたしは、かつてフィールドで出会った、韓国のハルモニ（おばあさん）たちの食の風景を思い出してみたいと思う。

2　高齢者福祉施設でのフィールドワーク

韓国は、二〇〇〇年に全人口に対する高齢者人口の割合が七・二%を超え、高齢化社会に入った。以降、他の先進国に例を見ないほど急激に高齢化がすすみ、二〇一六年現在、高齢化率は一三%を超えて高齢社会は目前にせまっている。

儒教の事親孝養《サチンヒョヤン》（親孝行）の思想が生活の根本原理となっている韓国では、伝統的に子が老親を扶養するのは当然のこととされてきたが、女性の社会進出や核家族化、価値観の変化にともない、高齢者扶養は家族から施設での扶養へシフトしつつある。

このような背景から、わたしは高齢者の食の実態を調査する場として、家庭ではなく施

高齢化社会
WHO（世界保健機関）の定義によると、「高齢化社会」とは、全人口に占める六五歳以上の高齢者の割合が七%を超えた場合をいい、「高齢社会」とは、この割合が一四%を超えた場合、二一%を超えると「超高齢社会」となる。

事親孝養
韓国における儒教の特徴は、人びとの生活を律する生活原理になっているという点である。「長幼有序」（おとなは子どもより、年長者は年少者より立場が上であるという社会的秩序）など儒教の礼法は、たとえば、電車内で若者がお年寄りに席を譲るなどの行為に表れている。食文化においても、儒教はイデオロギー面で大きな影響をあたえた。

設を選んだのであった。また、石毛直道先生が指摘しているように、食は性とならんで生活のもっとも奥まったところにあり、他人にはあからさまにしにくいものである。家庭よりも施設のほうが食の実態を見やすいのではないかと考えたことも、施設を調査対象とした理由であった。

調査対象施設の概要

　調査当時、韓国で設置されている高齢者福祉施設には、老人居住福祉施設（養老院）、老人医療福祉施設（老人療養院）、老人余暇福祉施設（老人福祉施設、敬老堂など）、在宅老人福祉施設（短期保護施設など）の四種類があった。

　わたしが調査したのは、老人居住福祉施設であるA施設（慶尚北道《キョンサンブクト》安東市《アンドンシ》）と老人医療福祉施設であるB施設（京畿道《キョンギド》富川市《プチョンシ》）である。前者は健常者を対象とし、後者は疾患を抱える人びとも受け入れるという点で異なるが、いずれも長期の居住を目的とした施設であり、高齢者の食について長期間の調査が可能であると判断したからである。

　ふたつの施設はいずれもS修道会が運営しており、入居資格は女性であること、身寄りがないか家族がいても同居が難しいことであった。信者か否かは問わないが、調査当時、入居者は全員カトリック信者であり、職員もシスターや信者たちであった。

　施設規模は、A施設が入居者七名、シスター四名と小規模であるのに対し、B施設が入居者七三名、シスターと職員あわせて三〇名と大規模であった。入居者の平均年齢はいずれも八六歳であった。

　わたしはこのふたつの施設で、二〇〇三年から約二年間フィールドワークをおこなった。

具体的には、下宿や自宅アパートから通って調査をおこなった。

春夏秋冬、季節ごとにそれぞれ一～二週間毎日通い、正月や秋夕《チュソク》（旧暦八月一五日）、冬至など、季節食や行事食が食卓に並ぶ日や、キムヂャン（越冬用のキムチを大量に漬けこむ行事。写真1、2）、文化祭、毎月の誕生日会など施設の年中行事にあわせて足を運んだ。旧暦の正月や秋夕には、入居者たちとともに、餃子やソンピョン（松餅）などの行事食をつくったり（写真3）、春には、一緒にヨモギを摘みにいったりして、そこで交わされる会話に耳をかたむけた。

四季折々の日常食、季節食や行事食などの調査をおこなうためには、一年という期間が

写真1　キムヂャンの日に。キムチを味見

写真2　キムヂャンの日の昼食

写真3　ソンピョンづくり

必要だった。なお、韓国では、二〇〇八年に日本の介護保険制度にあたる老人長期療養保険制度が施行された。本稿に記した施設食の記録は、制度導入以前のものであることをあらかじめお断りしておく。

施設での生活と食の時間

施設での生活は、基本的に共同生活である。一部屋に二~三名もしくは六~七名が暮らす。日常生活は、起床時間、祈祷、食事時間、趣味教室の時間などすべてタイムテーブルが決まっており、規則正しい。決められた時間に決められたスケジュールをこなす生活では、自由時間でさえ始まりと終わりが決まっている。

そのような規則正しい生活において、祈祷の時間とならんで食事時間は入居者たちの生活リズムをつくっていた。また、「一人暮らしのときは、食欲がなければ食べずにすますこともあったが、入居後は、食事の時間がくれば、食欲がなくても食事を摂るようになり体重が増えた」という人もおり、施設の食は、入居者にとって健康維持、生命維持の意味あいが強いといえる。

入居者のハルモニ(おばあさん)たちは、一日のほとんどを施設内で過ごす。元気な人は、ときおり近所の在来市場へ出かけ、買いものをすることもあるが、年に一、二回の遠足をのぞいて遠出をすることもほとんどない。

そんな施設生活において、食事の時間は、唯一変化を感じることのできる時間である。献立は、B施設では毎食、A施設でもほぼ毎日献立が変わる。入居者のなかには、歯が抜けたり、入れ歯で咀嚼に不自由があったりする人も多かったが、そんな人でさえ「食事の時間は楽しい」といって、毎日の食事を楽しみにしていた。規則正しく単調な時間だからこそ、いっそう、入居者にとって食は本能としての食欲を満たすためだけでなく、生活のなかでの変化を実感できる貴重な時間となっていた。

3　高齢者福祉施設での食

日常の食

食事は、基本的に韓国の伝統的な献立構成に則ったものであった。すなわち、主食、汁物、キムチという基本セットに、二〜三種類の副食がつくというものである。和食では、一汁三菜を基本としながらも、汁物や漬物がなくても食事は成立するが、韓国では汁物とキムチは必須である。

主食はおもに雑穀飯で、夏には、トウモロコシや茹でたジャガイモが主食として供されることもあった（写真4）。ときにはラーメンも食卓にのぼった。韓国でラーメンといえばインスタントラーメンをさす。袋麺を調理し、各テーブルに鍋で供することもあれば、一人一人にカップ麺を出すこともあった。カップ麺を出すときには、通常使うステンレス製の箸ではなく、「ラーメンを食べる気分を出すため」（栄養士談）、割り箸を添えていた。

副食で特筆すべきは、野菜料理の多さである。日本人にとって、韓国の食といえば肉料理のイメージが強い。古くから肉食文化が発達しただけに、韓国人は日ごろからカルビやプルコギなど肉料理をよく食べているように思わ

写真４　匙でトウモロコシの実をかく

れがちだが、じつはそうではない。年間の肉の摂取量は韓国人より日本人のほうが多く、野菜の摂取量は韓国人のほうが多いのだ。

施設の献立には、季節の野菜を使ったナムルや生菜（加熱しないナムル）が頻繁に登場した。春には山菜、夏にはナスや韓国カボチャなどの夏野菜、秋冬には乾燥野菜を用いるなど、野菜料理は季節の移り変わりをはっきりと感じさせてくれる。とはいえ、野菜の繊維は高齢者には食べにくいようで、食べ手である高齢者の反応は必ずしもよいものではなかった。

季節食

元来、韓国では、四季折々の旬の食材を用いて料理をつくり、「季節食」として楽しむ習慣がある。農業技術の発達や輸入品の普及により、季節感は年々薄れる傾向にあるものの、春には山菜、夏には麦飯に辛い青トウガラシとサムヂャン（なめ味噌）を添えるなど、旬の食材が食卓をにぎわす。

二〇〇五年四月にA施設で調査したときには、七日間全二〇回の食事のうち、山菜を用いた料理が二三品供された。一回の食事に最低一品山菜料理が出た計算になる。ヒメニラ、タンポポ、ナズナ、ヨモギ、ヤブカンゾウ、シラヤマギク、ニガナなどの山菜は、すべて入居者が施設周辺の野山で採集してきたものであった（写真5）。

春になると、ハルモニたちは毎日のように山菜摘みに出かける。わたしは一緒に野山を歩いてみて、彼女たちの山菜・野草の知識の豊富さに舌を巻いた。わたしには雑草にしか見えない草が、ハルモニたちにとってはそれぞれ薬効のある山菜であり野草であった。

写真５　摘んできたヨモギの下処理

韓国の女性たちにとって、春の摘み草は、かつては一年の家事サイクルにくみこまれた行為であった。だからこそ、ハルモニたちは、山菜が萌えいずる季節になると、みずからすすんで摘み草に出かけるのである。また、摘み草をするひとときは、ときに窮屈な施設生活からみずからを解放する時間でもあった。

　山菜・野草は、かつて食糧難を乗りきり命をつなぐための救荒食でもあった。「韓国は戦争が多かったから、こうした山野草をよく摘んで食べたのだ」とハルモニたちはいう。彼らの日常は雑穀飯で、それも春先になると麦までもが足りなくなって、ヨモギのポムリ（ヨモギに小麦粉や米粉をまぶして蒸したもの）で糊口をしのいだ、などと話すハルモニも少なくなかった。たしかに、日本による三五年間の統治とその後の朝鮮戦争は、庶民の食生活を圧迫し、**食糧難の時代**を彼女たちは山菜や野草を食べて乗り越えてきたのだった。しかし、経済発展をなしとげ、三度の食事に事欠く心配のない今日、もはや山菜・野草は救荒食ではなくなり、春の到来を告げる旬の食材となった。

　ハルモニたちが摘んできた山菜・野草は、調理担当者の手により、生菜や味噌チゲに仕立てられた。ときには、ハルモニのリクエストでヨモギのポムリをつくり、主食として食

食糧難の時代
日本による統治時代、日本人の移住者とともに、オムライスなどの洋食やソバ・うどんなど和食のほか、ソウル駅にフランス料理店ができるなど、新しい食が朝鮮半島にもたらされた。経済的に余裕のある層は、こうした近代の味を享受できたが、地方の農村では、近代の味はおろか日常の食もままならない農民も多かった。肉といえば正月の雑煮に入れる鶏肉ぐらいで、牛肉など食べたこともない、という農民も多かった。

卓にのぼった。ポムリは、かつて代用食として人びとの命をつないだ（写真6）。そうした負の思い出の食べ物を、ハルモニたちはあえて食べたがった。第三者から見れば、つらい時代を想起させる食べ物であるが、本人にとってはそうした思い出とは別に、懐かしい味としてとらえられ、食べたくなるもののようであった。

4 フィールドでの入居者たちとわたしの関係

フィールドでは、まず、施設到着後、調理室にてその日の献立を確認・記録する。その日の献立の特徴等について栄養士に確認したあと、わたしもエプロンを身に着けて調理を手伝った。B施設の場合は一～二名の入居者が調理を手伝うので、彼女たちの会話に耳をかたむけたり、調理・配膳をしたりしながら食にまつわる話を伺ったりもする。

調理の手を休めずに、これはと思うことがあれば、逐一フィールドノートに記録し、かつシャッターチャンスには写真を撮るなど慌ただしく時間が過ぎていく。

昼食後、夕食の準備が始まるまでのあいだは、入居者たちの部屋をまわり、食に関するライフヒストリーを伺ったり、ときには施設生活への不満などの愚痴を聞いたりもした。日本に暮らす家族に電話をかけてほしいと頼まれて、近くの公衆電話に国際電話をかけにいったこともあった。

入居者とわたしとの関係は、時間がたつにつれ、あるときは祖母と孫娘のように、また

写真6　ヨモギのポムリ

あるときは、シスターには直接いえないような施設生活の不満を愚痴る、年の離れた友人のようになっていった。不思議なことに、そのような関係性になるにつれて、食に関して話してくださる内容も、より深いものになっていったように思う。

5　高齢者の食嗜好

肉への嗜好

調査を始めたころ、もっとも驚いたのが「韓国のお年寄りは肉が大好き」ということであった。歯の有無、入れ歯の使用の有無にかかわらず、皆もりもりとよく食べる。肉料理は一番の人気だった（写真7）。

写真7　軟骨つきの豚足

肉料理は薄切り肉を使ったものではなく、骨つきカルビや軟骨のついたままの豚足、骨つきのヤンニョムトンタッ（味つけしたフライドチキン）等々、いずれも噛みごたえのあるものばかりだった。栄養士によれば、「ハルモニたちは薄切り肉やひき肉のようなやわらかい肉より、骨つきで噛みごたえのある肉料理を好む」とのことだった。また、肉料理は、あらかじめ一人当たりの個数を決めて配膳しないと、いさかいに発展するのだともいっていた。

ハルモニたちは、肉のなかでもとりわけ牛肉を好んだ。韓国において牛肉は、肉のなかでも最上位のものであり、かつては上流階級でもなければ日常的に口にするのは難しかった。平均年齢八六歳の入居者たちは、日本による植民地時代、解放後に続く朝鮮戦争、その後の経済困窮時代を生き、牛肉はおろか豚肉や鶏肉を食べられるのも正月や祭祀をのぞいてほとんどない人たちがほとんどであった。そのため、肉、とくに牛肉への嗜好が高かったと考えられた。事実、ライフヒストリーの聞きとりをおこなった際、「牛肉は、植民地時代、日本に移住したときに生まれて初めて食べた」とか「正月の雑煮に入れるのはもっぱら鶏肉で、牛肉なんて食べたことがなかった」という話を何度も聞いた。

だからこそ、ハルモニたちにとって肉は食べごたえのあることが肝心で、噛みごたえのある骨つき肉を食べてこそ、「肉を食べた実感がわく」のである。

わたしのおかず

ハルモニたちの食行動のなかでもっとも目をひいたのは、食事の際に「わたしのおかず」と称する個人的なおかずを持ちこむという行為であった。すべてのハルモニたちが「わたしのおかず」を所有しているわけではないが、一部のハルモニたちは、ほぼ毎食「わたしのおかず」を食事に添える。

「わたしのおかず」は、たとえばサムヂャン（なめ味噌）やコチュヂャン（トウガラシ味噌）など醬《ヂャン》類や塩辛類、キムチや醬油漬けなど漬物、マルンパンチャンという乾き物でつくる常備菜などのほか、季節によっては施設周辺でみずから採集したタンポポの葉といったものであった。日本による植民地時代に味を覚え好きになったという梅干しを食事に添える人もいた。

これら「わたしのおかず」を所有することは施設側も認めており、氏名を書いた密閉容器に入れて食堂の冷蔵庫で保存する（写真8）。他人に分けることなく、文字通り「わたしのおかず」として本人によってのみ消費されていた。

施設で供される食事は、栄養士が立てた栄養バランスのよい献立である。肉や魚料理もあって味もよい。キムチもある。しかも毎日、毎食献立が変わり、食べ手を飽きさせない。ハルモニ自身がいうように、「家庭でもそこまではできない」ような理想的な食生活である。にもかかわらず、ハルモニたちが「わたしのおかず」を持ちこむのはなぜか。

その理由は、出された献立があまり好みのものではないとき、あるいは食欲のないとき、「わたしのおかず」があれば、食がすすむからである。家族が差し入れてくれたおかずを食べれば、家族と一緒に食卓を囲んでいるような気分になるというハルモニもいた。

インタビューのなかで、ある入居者は、「施設では自分の所有物は、身ひとつしかない。ここ（施設）は〝わたしの家〟ではあるが、他人との共同生活だ。心理的には満ち足りないものがある。でも〝わたしのおかず〟がひとつでもあると、ここの食事が〝わたしの食卓〟になるのだ」と答えた。つまり、「わたしのおかず」は、施設に暮らすすべての入居者のためにつくられた食事を「わたしだけの食卓」に読み替える装置であり、ハルモニたちはそれにより食の満足を得ていたといえる。

写真8　冷蔵庫の中の「わたしのおかず」

6　食べ方にかいま見える食の背景

施設での食生活を観察していると、同じ献立なのに、人によって「食べ方」が違うことに気づいた。ご飯、汁物、キムチ、数種の副食という献立を、ご飯はご飯、汁物は汁物というように別々に食べる人もいれば、ご飯にナムルやキムチを混ぜて食べる人、さらには汁の入った器にご飯とナムルなどの副食を混ぜて食べる人などじつにさまざまであった（写真9）。

その理由を尋ねると、「おいしい」「食べやすい」「いままでそうしてきたから」という答えが返ってきた。各自の食嗜好やそれまでの食習慣が、食べ方に表れているということのようだが、さらにインタビューを続けると、食べ方の背景には出身階層や家庭における立場の違いや施設暮らしならではの理由があることがわかってきた。

飯と汁、おかずを別々に食べる人は、両班《ヤンバン》と呼ばれる上流階級の出身者であった。幼いころから混ぜて食べたり、汁に飯を入れて食べることははしたないとしつけられたため、

写真9　食事風景

両班
高麗・朝鮮王朝時代の国家官僚のこと。文班（文官）と武班（武官）のふたつのグループからなり、両班はその総称。科挙を受験できる経済力や家庭環境が必要であることから、両班になれるのは名門士族の証であり、最上位の社会的身分の人びとは両班と呼ばれた。

カレーライスでさえ、ご飯とカレーソースを別々に食べていた。彼女は、入居当初、周囲のハルモニたちが、ご飯とおかずを混ぜたり、汁にご飯やおかずを混ぜて食べるようすを見て、気持ち悪かったという。

一方で、混ぜて食べたり、汁にご飯を入れたりして食べるのは、農家の嫁としてすばやく食事をすませるために、そうした習慣が身につき、やがてそのように食べることがおいしいと思うようになったからだという人もいれば、施設の食事時間内にすべてを食べきるためには、混ぜるほうが効率がよいという理由を挙げる人もいた。

7　終わりに

施設における食は、第一に入居者の生命維持、健康維持に資するものである。したがって栄養士によって栄養価計算のなされた、バランスのよい食事が供される。また、食事の時間は、変化の少ない施設生活において、高齢者が唯一毎日変化を感じることのできる楽しみな時間である。ゆえに、施設は毎日、毎食異なる献立を提供する。ときには家庭の食のように、栄養バランスを度外視してカップ麺も供する。

さらには旬の食材をとり入れた季節食、行事食（写真10）や歳時食を供することで、入居者たちが、みずからの生活を社会的脈絡のなかに位置づけることを助ける。食べ手の社会、文化的背景を考慮し、肉料理はあえて食べにくさを加味することで、食の満足感を得られるように配慮もする。

写真10　行事食（小正月）

一方で、食べ手は、こうした至れり尽くせりの施設食に対し、ときには食材をみずから調達し、調理法も指定して料理をつくらせ、ときには「わたしのおかず」や食の履歴に裏打ちされた食べ方を用いることにより、「わたしの食卓」に読み替え、満足感を得ていた。

ここに、わたしは「食の自律性」を見てとる。調査に協力してくださったハルモニたちは、施設で供される食に対し、食べ手として受け身になるのではなく、みずからの食の主人となって、自律性を獲得していたのだ。

二年間におよぶ韓国の高齢者福祉施設でのフィールドワークで出合った、多様な高齢者の食のあり方は、今後の日本における高齢者の食を考えるうえでも多くの示唆をあたえてくれたと思う。

人間の食の営みは、過去から現在、そして未来へと続くひとつの線上にある。韓国でのフィールドワークを通じ、わたしはこの当たり前のことに気づくことができた。

人は六五歳を過ぎたからといって、突如として「高齢者の食」を食べるようになるのではない。人間の食は、その人が生まれ育った社会や家庭環境のなかで育まれ形づくられる、社会的・文化的背景をもつものである。食べ手である人間の、これまで歩んできた人生の延長線上に高齢者の食があるといってよい。

フィールドで出会ったハルモニたちは、だれもが社会的・文化的背景をもつみずからの食に対し、みずからのやり方で食の自律性を得て、食の満足を獲得していた。それは、フィールドに出なければ気づくことができなかったことである。その意味で、フィールドで出会ったハルモニたちはわたしの先生であり、フィールドはわたしの学校であったのだと思う。

守屋亜記子（もりや・あきこ）

長野県生まれ。日本語教師として、一九九六年から韓国慶尚北道安東市に二年半滞在したのが初めてのフィールドワーク。教え子たちとの交流をとおして「民族と食」について関心をもち、帰国して食文化研究の道に入る。滋賀県立大学大学院修士課程のとき、京都市南区にて在日コリアンの食文化についてフィールドワークをおこない、一世たちの食生活に興味をもつ。二〇〇三年からは、総合研究大学院大学博士課程に在籍し、韓国の老人の食についてフィールドワークをおこなう。

＊　＊　＊

■わたしの研究に衝撃をあたえた一冊『人類の食文化』（講座 食の文化　第一巻）

韓国で生活するうち、「民族と食」について関心をもち食文化について学びたいと思ったものの、何をどう学んでよいやら皆目わからなかったとき、偶然、ネットで見つけたのが本書である。日本からとりよせ夢中で読んだ。本書は、食文化研究の歩みや食文化研究が学際的な研究であることを教えてくれ、わたしを食文化研究の道にいざなってくれた忘れがたい一冊である。

石毛直道監修
味の素食の文化センター
一九九八年

「ヨーグルト大国」ブルガリアをフィールドワークする

――マリア・ヨトヴァ

日本では、ブルガリア出身であると自己紹介すると、必ずといっていいほどヨーグルトの話題になる。わたしは子どものころからヨーグルトが大好きで、父親とのふたりきりの旅行の思い出においてもヨーグルトが浮かびあがる。旅行先でのおいしいご馳走をすべて断り、ヨーグルトだけが食べたいといいだしたときの父親の戸惑った表情をいまでも鮮明に覚えている。また、祖父が羊のミルクでつくっていたヨーグルトの濃厚な味も忘れることができない。その味は牛乳ではなかなか再現できないが、日本で暮らすいまも、自分でつくったヨーグルトを一日二〜三回は食べている。ブルガリア人とはいえ、ヨーグルトを食べすぎているのではないかと心配されることもある。また、砂糖ではなく、塩を入れて、さらに水で薄めたヨーグルト（アイリャン）を飲むと、まわりの日本人を驚かせる。やっぱりブルガリア人だ！　と思われることもあるだろう。

実際に、ヨーグルトなしでは日本でブルガリアを語ることができない。日本の食品メーカーが商品名で使用しているように、「ブルガリアといえばヨーグルト」というイメージが浸透していることが背景にあると考えられる。「明治ブルガリアヨーグルト」のコマーシャルでは、牧歌的風景の背景にゆったりとした平穏な生活を送る人びとが登場しており、「ヨーグルト大国」であるブルガリアの美しい姿を映しだしている。

そもそも、ヨーグルトはブルガリアだけではなく、モンゴル、インド、中近東などさまざまな地域の伝統食品である。なぜ、日本の企業はブルガリアのヨーグルトに着目したのだろうか。このような素朴な疑問は、わたしのヨーグルト研究の出発点となった。この研究を始めてから一〇年が経過し、これまで、日本とブルガリアを中心に、健康食品あるいは国民表象としてのヨーグルトの育成に主体的に関与した経営者、研究者、為政者、そしてヨーグルトの伝統的食文化の継承を担った人びとの活動に注目しながら、人類学のフィールドワークをおこなってきた。ここでは、ブルガリアの代名詞ともなっているヨーグルトは、現地の人びとにとってどのような存在であるのか、またブルガリアの食文化や年中行事にどのようにとりこまれ、どのような社会的・文化的変化を映しているのかということについて紹介したい。

1　ギギンツィ村での調査

二〇〇九年の冬は例年にくらべてやや寒く、一一月下旬から雪が降りつづいていた。ブルガリアの西部に広がるツルナ・ゴラ山脈は雪でおおわれている。そのふもとにあるギギンツィ村は、首都ソフィアから車で一時間半ほど離れた、人口一六〇人ほどの小さな山村だ。この村からさらに山の方向へと進むと、一二世紀に設立された長い歴史をもつギギンツィ修道院がある。ソフィアの観光・飲食業界では、手づくりの「水牛ヨーグルト」で有

さまざまな地域の伝統食品
発酵乳が古くからつくられてきた地域は、ミルクが重要な食物として利用されてきた地域と重なり、ヨーロッパ大陸からアジア・アフリカまでと広範囲におよぶ。たとえば、スカンジナビア地方のヴィリーやイメール、コーカサス地方のケフィア、東欧からアジアにかけてつくられている馬乳酒のクミス、インド・ネパール地方のダヒ、アラブ地方のレーベンなどがある。

ソフィア
ブルガリアの首都ソフィアはヨーロッパの最古の都市のひとつであり、その歴史は七〇〇〇年以上におよぶとされている。現在、ブルガリア全体の人口の一六%がソフィアに集中しており、地方とのあいだで平均給与や失業率など大きな経済格差が存在している。

名な場所でもある。

乳製品調査のためにギギンツィ修道院への訪問を予定していたが、積雪のためふつうの乗用車ではたどりつけない。牧畜民文化を研究している日本人教授とともに、村の食料品店で店員としばらく会話をしながら、修道士のニカノル教父が迎えにきてくれるのを待った。

二〇〇九年一二月一〇日、朝九時半。村の食料品店にとって、午前中はもっとも忙しい時間帯である。食事に欠かせないパンを買いにくる人もいれば、ラキアという強い酒を飲みにくる人もいる。ひとりの年配の女性が、ヨーグルトとパンを買いにきた。夫を亡くして五年たつそうだが、そのあいだに、飼料価格が暴騰し、体調も悪化したため、ひとりでは家畜の世話ができなくなったそうだ。その結果、牛や羊すべてを手離さざるをえなくなり、いまはチーズやヨーグルトなどの乳製品を村の食料品店から買わなければならないという。また、娘の家族がアメリカへ渡ってからは、家庭の味を引き継ぐ者もいなくなり、寂しい毎日を送っているようである。

かつて若者の活気にあふれていたギギンツィ村は、いまは高齢化・過疎化に苦しむ村へと様変わりしている。このような状況において、ブルガリアの乳食文化に高い関心をもち、はるばる日本からやってきた教授は、いったいどのような「伝統」と出会うことになるのか。また、古くから各家庭で伝承されてきた乳加工技術や伝統的な味は、今後はだれが守り、どのようにして次の世代に伝えることになるのか。二〇〇九年のギギンツィ村での現地調査にもとづいて、ブルガリアの乳食文化の「伝統」についてとりあげ、その過去と現在について考えてみたい。

2 「乳を食べる」古代トラキア人

バルカン半島東南部、現在のブルガリアを中心とした地域に、紀元前三〇〇〇年以前からトラキア人と呼ばれる古代民族が暮らしていた。馬と黄金を愛し、不死を信じて戦いに明け暮れたトラキア人の残した遺跡と遺物は、現在多くの研究者の注目をあびている。

古代ギリシャでは、トラキア人は「乳を食べる人」や「ワインを飲む人」などといわれ軽蔑されることが多く、それはトラキア民族の識別ラベルとして使用されていた（写真1）。また古代ギリシャの著述家の記述によると、トラキア地方は「羊の母」であり、トラキア人は発酵乳に馬の血を混ぜて飲んでいたという。彼らの牧畜システムや乳加工体系は知りえないが、バルカン地域における家畜飼養や乳加工などの在来技術は古代トラキアに起源をもっているといわれている。

写真1 「乳を食べる」人びと。世界遺産として登録された、ブルガリアの「古代トラキア人の墳墓」の壁画

トラキア人
ブルガリア人の祖先といわれるトラキア人は、「黄金文明」を築きながらも、文字をもたなかったため、謎の民族とされてきた。二〇〇〇年代、「バラの谷」と呼ばれるカザンラク地域の遺跡を中心に発掘調査がすすみ、世界にも類をみない黄金の仮面や花輪といった副葬品、馬の装飾品など精巧な金細工が発見された。そこで、トラキア人の信仰や高度な文化について知られるようになり、カザンラク地域も「トラキア王の谷」と呼ばれるようになった。

3 人びとの暮らしを支えてきた羊たち

羊の移牧は、ブルガリアの自然環境との密接な関わりをもちながら、古来よりおこなわれてきた。その特徴は、夏期に羊の群れを山地へ導いて標高差をともなった季節移動をするものの、冬期には必ず帰る居住地が存在するということである（写真2）。低地では夏の乾燥にたえるブドウやプラムなど、そして冬の降雨を利用した小麦などの穀類も栽培している。ブルガリアは、部分的には平地が広がっているが、中央部には東西に伸びるバルカン山脈、南西部にはピリン山脈、リラ山脈、ロドピ山脈が散在している。国土の三分の

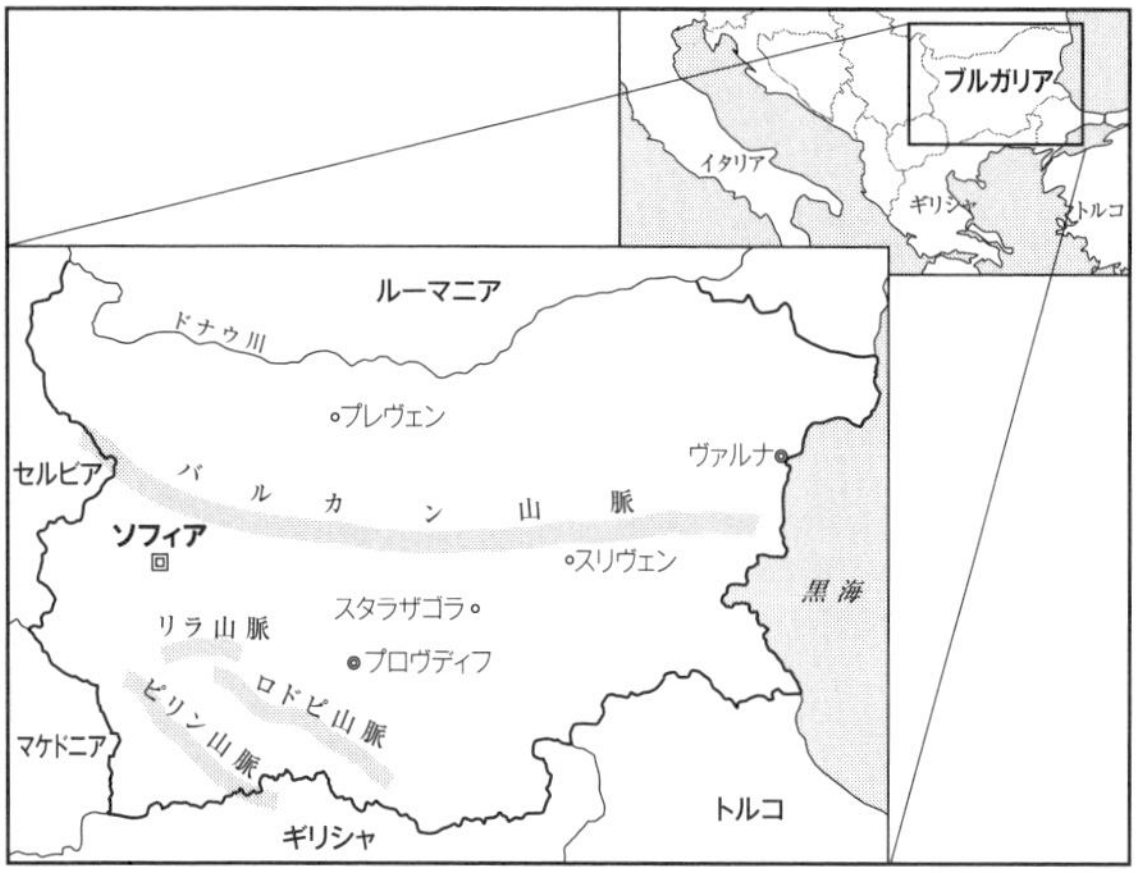

図1　ブルガリアの地形

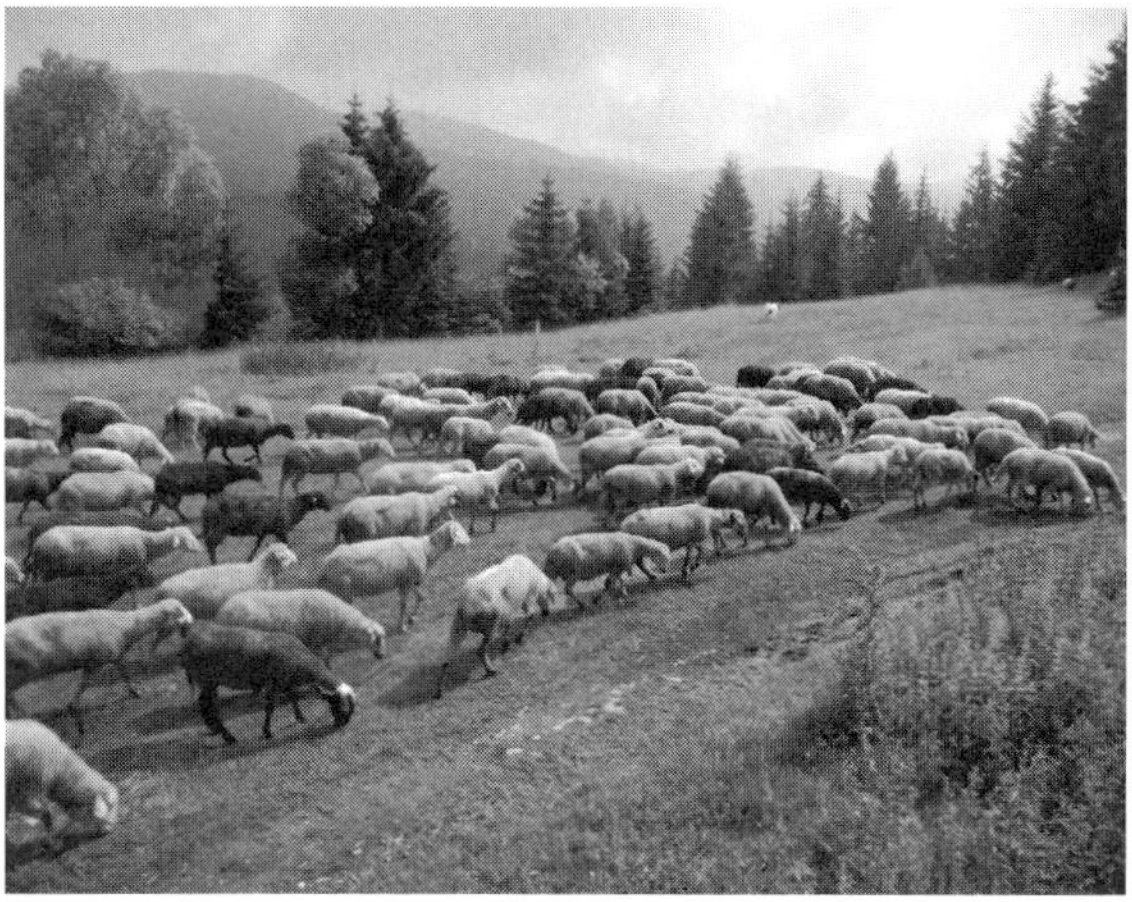
写真2　ロドピ山脈における羊の移牧。標高差をともなった季節移動が特徴

標高差をともなった季節移動
第一次世界大戦までは、夏にはエーゲ海沿岸域まで数百頭の羊の群れを率い、冬には丘陵地帯にもどるという季節移動をおこなっていた。それが「二重移牧」と呼ばれるが、国境が変化することによって、冬の宿営地であったギリシャのエーゲ海沿岸の放牧地を失い、第一次大戦後は山地への垂直移牧のみをおこなうようになった。

二は山地・丘陵地帯が占めているという地理的な特徴からも、日常生活における羊の重要さがうかがえる（図1）。かつて各家庭では、羊毛のあたたかい服装、毛布やじゅうたんなどの織物、また、羊乳でさまざまな乳製品がつくられていた。

羊は、冬のあいだは乳を搾ることができない。乳搾りが再開されるのは、家畜の健康と豊饒を祝う聖ゲオルギの祭日、五月六日である。聖ゲオルギは羊飼いと家畜の守護聖人であり、人びとはこの年に生まれたオスの羊を捧げものにしていた。修道院に献上された仔羊を神聖化するために、それを村人で共有して食べることによって心身を清めるという儀礼がおこなわれていた。さらに、この日から放牧が始まるため、各家庭において家畜の健康と豊饒を願うさまざまな儀式もおこなわれていた。ギギンツィ村の女性は早朝に木の葉から朝露を集め、それを利用して粘土の壺で乳を発酵させていた。一度おいしいヨーグルトができれば、あとはその一部を種菌として新たな乳に加えていくことで、家庭の味が守られていた。聖ゲオルギの祝祭には、「キセロ・ムリャコ」（酸乳）と呼ばれるヨーグルトのほかにも、仔羊の胃内容物の抽出液を加えてつくられる「スィレネ」というチーズや、バターをつくる工程でできる乳清を加熱して固めた「イズヴァラ」というフレッシュ・チーズも食卓に並べていた（写真3）。

スィレネは長期保存ができるため、年間をとおした貴重な栄養源である。一方、脂肪分が少ないイズヴァラは、料理に利用してすぐに食べるほか、羊

写真3　5月6日の聖ゲオルギ祭の食卓に並べられる乳製品

写真4　羊乳を加熱殺菌し、ヨーグルトをつくろうとしている女性。ロドピ山脈のモムチロフツィ村のエレナおばあちゃん

の革袋に入れて保存する「ビット・スィレネ」というチーズの加工に用いる地域もある。また、ロドピ山脈など羊の移牧の盛んな地域では、非搾乳期間中の乳製品供給として、羊の搾乳シーズンが終わる九月から一〇月にかけて、羊乳をヨーグルトの状態で長期保存するための加工処理をおこなっている（前ページ写真4）。これは「ブラノ・ムリャコ」と呼ばれ、乳酸発酵が数か月間すすむため、非常に酸味が強く濃厚である。

4　失われつつある伝統

社会主義期において、全国の羊の数は九〇〇〇頭におよび、乳業は国家を支える主要産業のひとつとしておおいに繁盛していった。ブルガリアの乳製品はソ連圏のみならず、欧米やオーストラリア、中近東など世界各国へと大量に輸出された。また、国内においても、乳製品は国民の食生活を支えるうえで重要な役割を果たしていた。一九八〇年代において、一人当たりのヨーグルト年間消費量は六四キロと世界一となり、チーズの消費量もフランスに次いで世界第二位であった。古代ギリシャでは、「野蛮な」トラキア人は「乳を食べる人」という蔑称で語られていたが、社会主義国ブルガリアでは、古代トラキア人の子孫とされた「乳を食べる」国民は賞賛されていたのであった。

しかし、一九八九年以降の民主化・市場経済化がもたらした集団農場の解体や国営企業の閉鎖などによる地方の過疎化と国内の高齢化とともに、羊の頭数は大幅に減少し、牧畜は減退していった。現在、手づくりの毛織物や乳製品は山地の特産品として好まれるものの、その生産技術の多くは徐々に忘れられつつあり、風前の灯火となっている。この危機

社会主義期
第二次世界大戦後、ブルガリアは社会主義国家としてソ連の傘下に入り、経済的・政治的主体性をもたない環境におかれた。社会主義時代当初より、国家は国民に良質な栄養をあたえるために、高度な食品産業の構築を最重要課題としていた。当時の指導者は、自然科学にもとづいて改革をすすめていき、調理法や栄養基準の確立、給食の整備、国家規格の制定など、従来の食のシステムを根本的に変えていった。

的な実態は、冒頭でふれた二〇〇九年の日本人教授との調査時においてもかいま見ることができた。そこでは、ヨーグルトの長期保存を伝承している家庭はごくわずかであり、加工に手間のかかるビット・スィレネやイズヴァラのみならず、比較的つくりやすいバターでさえつくらなくなっていた。現在、ブルガリアの乳業業績は上向きの傾向にあり、復興の兆しがあるようだが、ギギンツィ村の食料品店で出会った人びとの悩みや絶望感は決してその統計数値には表れていない。彼らの苦しみは、国家政策から見過ごされているのである。

5 創られつつある伝統

二〇〇九年一二月一〇日の午前中に話をもどそう。ギギンツィ村の食料品店で年配の女性と会話をしているあいだに、ニカノル教父の助手が迎えにきてくれた。雪道を通ることのできるロシア製の古いジープには、近隣の町の新聞記者も乗っていた。ギギンツィ修道院への山道は蛇行形状になっており、ジープが激しくガタガタと揺れる。三〇分ほどけわしい坂を上ると、目の前に、雪化粧した大きな農園が広がり、そこに小さな修道院が立っていた。

修道院の中はあたたかく、修道院長は薪ストーブで豆のスープをつくっているところだった。その隣で、搾りたての水牛の乳を大きな窯の中でゆっくりと沸騰させていた。修道院の乳加工を担当しているのは、かつて外資系証券会社に勤務していたニカノル教父である（次ページ写真5）。教父は、長年の世俗的な生活に疲れきり、精神世界に没頭するため

一九八九年以降の民主化・市場経済化
社会主義に終止符がうたれた一九八九年以降、ブルガリアは民主化・市場経済化への道をたどるようになり、二〇〇七年には欧州連合（EU）の加盟国となった。しかしその反面、「ショック療法」と呼ばれた急激な経済改革は、失業や貧困、国外への移民を生みだし、多くの後遺症を残すこととなった。結果的に、この二〇年間で、人口は氷山が解けていくように約一五〇万人減少し、この減少率もポスト社会主義期における国民の苦しみを物語っている。

写真5　ギギンツィ修道院で乳加工を担当するニカノル教父。ヨーグルトの乳酸発酵を解説中

写真6　ギギンツィ修道院でつくられた水牛ヨーグルト。ソフィアに向けてパッケージ中

に修道僧の道を選んだ。一九九八年に彼がこの修道院に来た当初は、宿舎や牛舎などの建物は荒廃しきった状態であり、修繕が至急必要とされていたという。ニカノル教父は、修道院の復興のために、ソフィアの会社から寄付金を集めた。さらに欧州連合（EU）からの助成金を受け、水牛の飼育を始めた。現在、三人の助手とともに水牛八〇頭と羊二〇頭の世話をしている。

日本人教授とニカノル教父との会話中に、助手のひとりは沸騰した乳を適切な温度まで冷やし、プラスチック容器に注ぎはじめた。そして、それぞれに国営企業から譲り受けた種菌を入れ、アイロンでアルミ製の蓋を閉めていった（写真6）。蓋にはギギンツィ修道院の写真が転写されており、「修道院の水牛ヨーグルト」と表記されている。水牛のヨーグルトは希少価値があり、ここでつくられたものは、修道院の募金活動に協力した飲食店に、その見返りとして贈られているのである。今日つくったヨーグルトも修道院のジープでソフィアに持っていくそうだ。

ニカノル教父は、修道院の乳製品づくりに関する日本人教授の質問に快く答えてくれた。新聞記者もヨーグルトについて知見があるらしく、ニカノル教父との会話のなかで、彼女自身のもつヨーグルトによる治療の経験や、現地の伝統を守りつづけてきたギギンツィ修道院の活動について語ってくれた。

ところが、粘土の壺ではなくプラスチック容器にアルミ製の蓋、朝露ではなく国営企業から譲り受けた種菌の使用など、修道院の乳製品のつくり方は、日本人教授の想像以上に「近代的」であり、かつての伝統とはかけ離れたものであった。

しかし、ギギンツィ修道院の乳加工は、地域格差や高齢化といったブルガリア社会の新たな姿に適応しておこなわれているととらえることもできる。なぜなら、小さな村といったミクロな世界も、社会全体と連動しており、マクロレベルで生じる変化の影響とは切り離せないものだからである。そして、「伝統」とは、歴史的変遷のなかで新たな息を吹き返しながら、つねに再創造されていくものなのである。

6　マスメディアで賞賛されるブルガリアの「伝統」

ギギンツィ修道院からの帰り道、ロシア製のジープの中で、今度は日本人教授が、新聞記者からの取材を受けていた。地元新聞向けの取材と聞いていたが、驚いたことに、地元新聞だけではなく、全国の「スタンダード」日刊紙やオンラインニュースサイトなどでも日本人教授のブルガリア調査はとりあげられた。新聞記者から見た日本人教授の調査のようすは、以下のようなものであった。

「日本人教授はブルガリアヨーグルトに夢中になり、ブルガリア菌の秘密を解くために、はるばる日本から足を運んでいる。……チーズのように濃厚でなめらかなギギンツィ修道院のヨーグルトについてくわしく尋ねており、ニカノル教父の話を事細かに記録している。古代トラキア人の伝統を引き継いだこの不老不死の秘薬を日本人に見せたいがため、サンプルを試験管に入れて日本に持ち帰る予定である。モンゴル、インド、コーカサス地域などの乳製品を調査してきたようだが、ほかに類のないブルガリア菌のはたらきを明らかにするために、ブルガリア調査は長丁場になりそうだ。」(「スタンダード」日刊紙、二〇〇九年一二月二八日)

その他の記事においても、同様にブルガリアのヨーグルトに魅了された日本人教授の姿が描かれており、古くから伝わる伝統的な発酵技術と「ほかに類のないブルガリア菌」の神秘性に重点がおかれている。

過疎化に苦しむ農村地方、地域社会の衰退や人間関係の希薄化などの問題は、現代ブルガリア社会に暗雲をもたらしている。そうした状況のなかで、マスメディアで賞賛されるブルガリアの「伝統」は、民族の過去と現在を結びつけるべく、古代トラキア時代から永遠に輝いているかのように、不変のものとして提示されている。激動の歴史を生きてきたブルガリアの人びとが現在、必要としているのは、本来の「伝統」の姿よりも、むしろそれをとおして得られる理想の自己像なのだろう。

マリア・ヨトヴァ

二〇〇四年にＪＩＣＡのカザンラク地域振興プロジェクトに参加し、その一環としておこなわれた伝統食材・伝統料理をめぐる現地調査が最初のフィールドワークとなった。二〇〇六年に国費留学生として来日。社会主義とその崩壊を経験したブルガリアの人びとの文化を伝えるうえでは、ブルガリアの代名詞ともなったヨーグルトがもっともふさわしい題材として、日本とブルガリアを中心に、乳加工文化やヨーグルトのナショナル・アイデンティティ化過程についての研究調査をおこなっている。

＊　＊　＊

■わたしの研究に衝撃をあたえた一冊『*Sweetness and Power : The Place of Sugar in Modern History*』

著者はカリブ海諸島で調査をおこない、砂糖の研究で脚光をあびたアメリカの文化人類学者。本書は、一七世紀まで贅沢品であった砂糖が一九世紀から二〇世紀にかけて、上流階級の嗜好品から労働者階級の必需品になっていく過程を描く。ミンツの大きな貢献は、食の意味形成のメカニズムを説明したこと、またそこには、つねに権力がはたらくという主張にある。邦訳が出ているので読んでみてほしい。

Sidney W. Mintz 著
New York : Viking Penguin
一九八五年

邦訳『甘さと権力　砂糖が語る近代史』
シドニー・W・ミンツ著
川北稔・和田光弘訳
平凡社
一九八八年

生活文化としての食、言語からみる食

――阿良田麻里子

1　食材名称を調べる

わたしは、生活文化としての食文化に関心をもち、インドネシアをおもな調査地とし、現在はムスリム（イスラーム教徒）に許されたハラール食についての研究をおこなっている。ハラールとは「イスラーム法に合法的な物事、許された物事」を意味し、ムスリムの生活全般に関わる指針である。

イスラームにおいて禁じられている食べ物としては、豚肉、流れる血、死肉（正しく屠畜されていない肉）、邪神に捧げられたものの四つのほか、有毒物など体に悪いもの、牙のある獰猛な動物、猛禽類などがある。また酒や麻薬など酩酊性のあるものも禁じられている。禁じられているもの以外はハラールである。

食文化研究を志したのはずいぶんと遅く、インドネシアの農村で食文化をテーマにフィールドワークを始めたのは、三〇代もなかばを過ぎたころのことだった。食べることはふつうに好きだが、グルメでも料理上手でもない。そんなわたしがなぜ食文化研究にたずさわるようになったのか、どんなフィールドワークをしてきたのか、個人的な話になるが、

禁じられているもの以外はハラールである
日本では近年「ハラール認証」が注目されているが、これは、食品加工の技術の発達やグローバル化によって、ハラールかどうか消費

しばしお付き合いいただきたい。

学部卒業後約一〇年は日本語教師をしていた。常勤として勤めた小さな語学学校では、外国人学生の住まい探し、隣人や大家さんとのトラブル解決など、生活指導の仕事も多かった。生活文化のささいな違いから生まれる誤解やトラブルが多く、日ごろ無意識にやっていることを意識化し、かみ砕いて説明することの難しさを実感した。

やがて逆の立場で異文化を体験したいという思いが募り、インドネシアは北スマトラ州で、一九九二年から一九九五年にかけて仕事をすることになった。外国で日本語教師として働くことのなかには、逆向きのベクトルの要素がからまりあっていた。日本の言語文化を伝えることと、現地の言語文化を学び、尊重すること。教員・学生との交流や学科の運営など、日本式を知りたいという要望もあるが、やはり郷に入れば郷に従う必要がある。また日本語をわかりやすく教えるためには、インドネシア人から見てどこが混乱を招きやすいのか理解しておかなければならない。

このとき、教材としてつくった食材のリストが食文化研究へ進むきっかけだった。最初は肉・魚・ニンジン・キャベツなど単純な単語の対訳リストで満足していたが、日常生活で料理をしてくれる家政婦さんとの意思疎通のために使うようになると、対訳だけではうまくいかないことに気づき、しだいにのめりこんでいった。たとえばインドネシア語で豆腐を「タフ」という。そこでタフの味噌汁を頼むと、ターメリックで黄色く茹でたしょっぱく固い豆腐の味噌汁が出てくる。まずい。しかしインドネシアではこちらが典型的なタフなのだ。無味の白い豆腐が食べたければ、そのように指定しないといけないのだった。また、ほうれん草のように日本で当たり前のものがインドネシアにはなくて、ほかの食材

者には判断がしにくい食品が増加したため、東南アジアにおいて二〇世紀後半に誕生したもので、近代的な管理体制にもとづいて商品のハラール性を確保する制度である。
しかし、宗教的規範と認証規格、そして実際のムスリムの認識や実践は、必ずしも一致するものではない。認証規格や制度も、またムスリム消費者の食実践も、多種多様である。

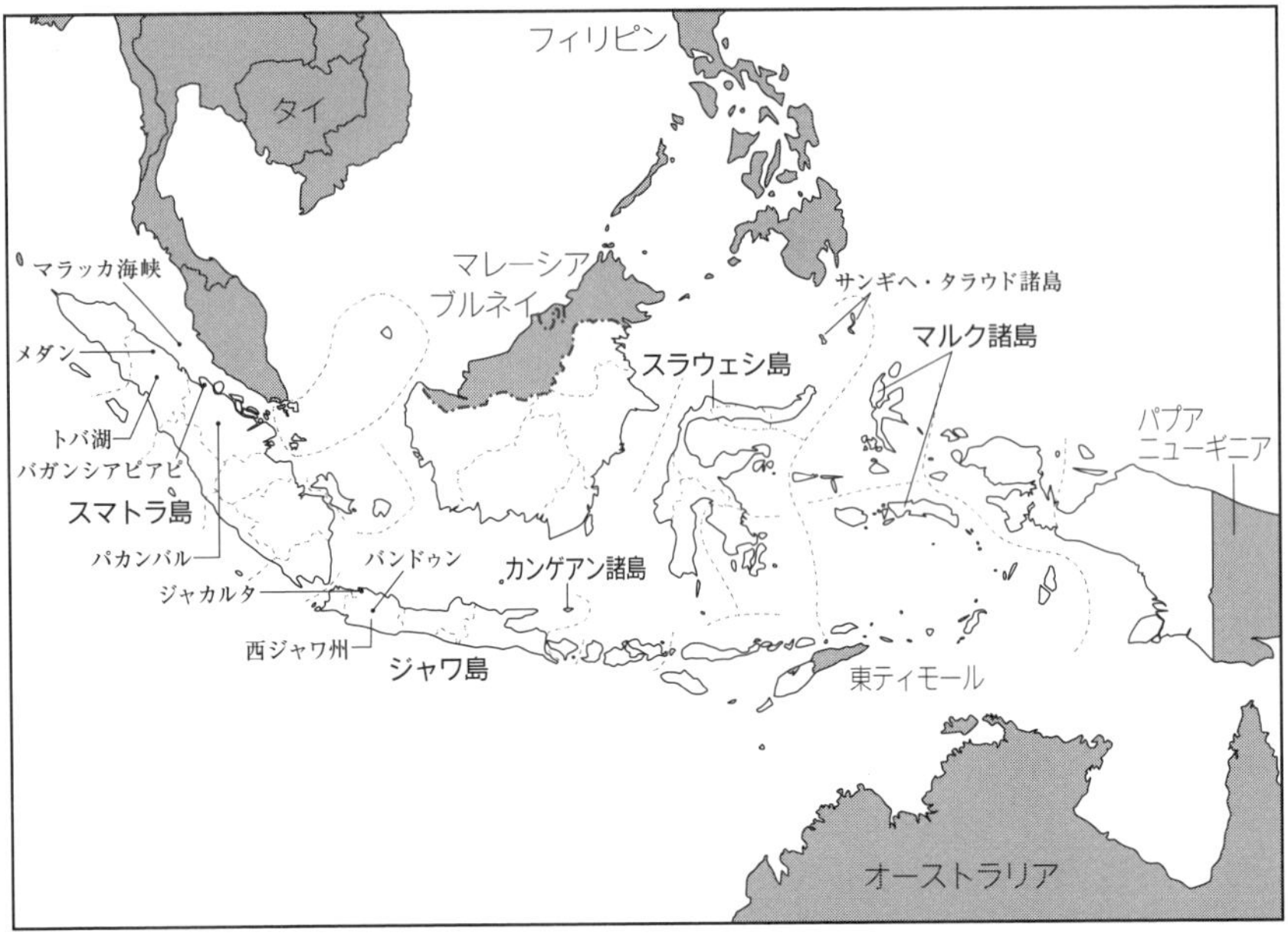

図1　インドネシア共和国

で代用することもあるし、逆にインドネシアでは日常的な食材が日本にはなくて、日本語ではひと言でいい表せないこともある。

　インターネットの普及していなかった時代である。市場を歩きまわって、食材を片っ端からリストアップした。見慣れない食材は買ってみて、売り手や友人知人から名前や食べ方を聞いた。参考文献を買い集め、食材の特徴や呼び名をたよりに和名を調べた。定まった和名がないものもあり、インドネシア語の文献もふくめて情報を整理しているうちに、ラテン語の学名を付したほうがよいこともわかった。多民族国家インドネシア

『Indonesia^2』
「インドネシアの食材　北スマトラ編」上智大学インドネシアべんきょう会編『Indonesia^2』五・六合併号、99～123ページ、一九九五年

『ヌサンタラ航海記』
村井吉敬・藤林泰編、リブロポート、一九九四年

村井吉敬
一九四三―二〇一三。上智大学教授、早稲田大学アジア研究機構教授などを歴任。エビ研究会、ヌサンタラ航海、インドネシア民主化支援ネットワークなど幅広い活動をとおして、多くの研究者や活動家を育てた。著書に『エビと日本人』（岩波新書）、『インドネシア・スンダ世界に暮らす』（岩波現代文庫）などがある。

内海愛子
一九四一年生まれ。インドネシア国立パジャジャラン

には、国語のインドネシア語のほかに、諸民族の言語である地方語がある。さらにインドネシア語にも方言があって、北スマトラでの名称が全国的に通じるとは限らないこともわかった。対訳リストに食材を書き加え、現地名に和名・学名を添え、日本でなじみのない食材には特徴や利用法を付したりしているうちに、十数ページになってしまった。この語彙集は、当初メダンの日本人クラブの会報に寄稿し、のちに取りまとめたものを上智大学インドネシアべんきょう会の会誌『Indonesia[2]』に掲載していただいた。

大学の講師、恵泉女学園教授などを経て、恵泉女学園名誉教授。著書に『朝鮮人BC級戦犯の記録』（岩波現代文庫）、『マンゴウの実る村から　アジアの中のニッポン』（現代書館）などがある。

2　ヌサンタラ・スタディ・クラブ

一九九一年に東インドネシアの海域を伝統船でめぐった『ヌサンタラ航海記』のヌサンタラ・スタディ・クラブの皆さんには、このころお世話になった。ヌサンタラとはインドネシア語で「島嶼地域」の意で、わたし自身は航海には参加していないが、当時の家人が航海のメンバーだったため、その後、村井吉敬《よしのり》先生・内海《うつみ》愛子先生をはじめメンバーの皆さんの旅に同行させていただいたのである。メダンからトバ湖周辺、バガンシアピアピ、パカンバルから河を下りマラッカ海峡に浮かぶ島々をめぐってシンガポールへ。スマトラ島を離れて、スラウェシ島各地、サンギヘ・タラウド、マルク諸島、カンゲアン諸島と、多くの土地を訪れた（図1、写真1、次ページ写真2）。グループ行動のときは、いちばん旅慣れない者が共有の財布を管理し、支払いをし

写真1　1991年、シンガポールの炭積出港でインドネシアの船員と。左が筆者

写真２　1998 年、カツオの調査。スラウェシ島マナドの市場でカツオの調査中

た。これで物価の相場が身についた。お世話になった人に現金で謝礼をするということは日本では失礼な気がするが、インドネシアでは習慣的に包んだ現金を別れ際の握手の際にそっと手わたすことも学んだ。ガイドブックに載っていない場所でも、行く先々で情報を集めて宿や足を確保し、土地のものを食べ、出会った人と話し、縁をつないでインタビュー相手を見つける。訪問先での立ち居ふるまい、危険を避けつつ心を閉ざさない交流のしかた、交渉術、真似しきれたとはとてもいえないが、ここで見聞きしたことは後々おおいに役に立った。

3　ケータリングの台所で

日本語教師としての任期を終えて帰国後、インドネシア語を本格的に学ぼうと思いたち、東京外国語大学の博士前期課程に入学し、佐々木重次《しげつぐ》先生や中川裕《ひろし》先生の薫陶を得た。とくに中川先生の方言調査実習では、少人数の合宿で実際に調査をし、毎晩、皆で経過を報告しあい討論をした。短い日程だったが、フィールドワークの基礎をここで学んだ。事前に行政機関に話をとおしておけば村人の協力が得やすくなること、報告書を調査地に送り調査結果を還元することも大切な教えであった。ちなみにわたしが選んだテーマがこと

佐々木重次
一九三七年生まれ。言語学者。東京外国語大学名誉教授。手ずから編集し自費出版を重ねている『最新インドネシア語小辞典』のわかりやすい語釈は類を見ない。一九九六－九八年の在学当時、普及しはじめてまだ間

ごとく食に関するものだったので、「阿良田さんは食にとりつかれてるね」と先生にいわれたのも、のちに食文化研究へすすむきっかけのひとつとなった。

修士論文では、調理に関わる動詞や料理名称の意味やカテゴリー化をテーマに、日本語をはじめとする他の言語とインドネシア語の語彙を対照言語学的に分析する研究をおこなった。基礎知識としてインドネシア料理そのものも学びたい。つてをたどって学べそうな場所を探してみると、パジャジャラン大学日本語学科（当時）のアジ先生の奥さまがケータリング業を営んでいるという（写真3）。北スマトラから遠く西ジャワ州バンドゥン市に住まうアジ先生とは面識もなかったが、エアメールや国際電話のやりとりで、ホームステイをして調査させていただくことになった。夏休みと春休みに約ひと月ずつ、台所にべったりと居座り、下ごしらえを手伝いながら、料理の勉強をしつつ調査をした。料理の指示に聞き耳をたて、気になった言葉や用法をメモし、暇なときをねらって家族や従業員に質問をした。

写真3　アジ夫人とケータリングスタッフ

生活の観察から学ぶことも多かった。都市部の富裕層の家にはしばしばふたつの台所がある。「前の台所」は居間などと続いていて、オーブンと一体型の立派なコンロが置かれている。しかし実質

もないインターネットを使った言語データの収集をご指導いただいた。

中川裕
一九五五年生まれ。言語学者。東京外国語大学教授。複雑な音韻体系をもつアフリカのグイ・ガナ＝ブッシュマンの言語の研究をおこなっている。長野県下伊那郡でおこなった方言調査合宿には、先生の人脈で他大学からも言語学や生態人類学の先生が参加されて、貴重なコメントをくださった。

対照言語学
複数の言語をくらべる学問は、対照言語学と比較言語学に大きく分けられる。近縁の言語どうしをくらべながら言語の歴史的発展を復元し系統だてていくことを比較言語学と呼ぶ。一方、対照言語学では、近縁の言語に限らず複数の言語どうしの違いや類似性を分析する。

的に調理をするのは「後ろの台所」である。A家にはふたつの台所に加えてケータリングの台所があった。まかない料理から家族の分をとり分けて、「前の台所」に並べ、ご飯は炊飯ジャーで保温しておく。家族は思い思いの時間に食べる。食事ができあがるのがだいたい朝の八時ごろ、ときには九時一〇時になることもあった。わたしは、これが朝食であり、インドネシア語で「サラパン」と呼ぶものだと思っていた。しかし、食事が出るまえにも家族はそれぞれの好みと気分で、パン、即席麺、残りご飯と目玉焼き、鶏肉入りの米粥などを食べることがあった（写真4）。食事というには軽い、こういった朝の軽食こそが「サラパン」と呼ばれるものだった。インドネシア語のクラスで「朝食＝サラパン」と習って以来、疑問を抱いたこともなかったが、どうやらイコールではないらしい。この気づきは、のちに農村での食生活調査で、何を食事とみなし、何を軽食とみなすのかということを考えるうえで役立った。

写真4　鶏肉入りの米粥

　世界は、グラデーションのように微妙な差異をもつ物事から成り立っていて、どこでどう切り分ければよいのか、はっきりした境界線があるわけではない。言語による名づけは、この世界を切り分けてひとつひとつのカテゴリーとして成り立たせる役割をもっている。修士論文の研究対象は、調理動詞や料理名称であった。「揚げる」と「goreng」、「炒める」と「tumis」はどう違うのか。カテゴリー化のしかたの違いには、その言語を使用する人びとの文化や世界観が反映されている。分析に用いた言語データの多くは料理書やネットのレシピサイトから得たものであったが、論文の核心となる考察は、フィールドワークなしには得られなかった知見にもとづいたものとなった。

4　西ジャワ農村でのフィールドワーク

もっともっとふつうの生活に入りこんでみたい。一九九八年に総合研究大学院大学の博士課程に入学したわたしは、一年間農村に住みこんで、食生活と、食に関連する言語について調査をし、言語人類学的なアプローチから食文化を分析するという研究計画を立てた。研究対象は生活文化と密接な関係のある地方語がよいと指導を受け、西ジャワ州の主要民族の使うスンダ語を学びはじめた。インドネシア語と同じ系統だがまったく異なる言語である。

村落部の調査には正式な調査許可をとる必要がある。申請書類を整えてから許可が下りるまで当時は半年かかった。年度内の出発を義務づけるスカラシップがとれたため、具体的な調査地を決める時間は限られていた。アジ先生から別大学のアアス教授夫妻をご紹介いただき、アアス夫人のふるさとタシクマラヤ郡の農村A村を調査地に決めた。

パジャジャラン大学のエディ・S・エカジャティ教授にカウンターパートになっていただき、なんとか期限内に調査許可とビザをとって入国したが、その後も書類には悩まされた。まずジャカルタで社会政治局や警察へ行き、手続きをする。そこでもらった書類を今度は州の入国管理局・警察・社会政治局へ届けて手続きをする。さらにそこでもらった書類で郡（カブパテン）の役場や警察へ届けでる。そこからの書類で県（クルーラハン）の役場や警察へ。三日後に出直してこいというところも多い。村に入ってからも、村役場、地

エディ・S・エカジャティ
一九四五－二〇〇六。歴史学者。元インドネシア国立パジャジャラン大学文学部学部長でスンダ研究所所長。

カウンターパート
外国人がインドネシアで調査許可をとる際には、国内の受け入れ機関とそこに所属する担当研究者が必要になる。これをカウンターパートという。共同研究者に頼む場合もあるが、わたしの場合は大学院生としての調査だったこともあり、エカジャティ先生には現地での指導教官のような役割をお願いすることになった。

区（RW）の長、隣組（RT）の長に挨拶に行かなければならない。本格的に調査を開始するまでに一か月ちかくかかった。その後も、三か月に一度はバンドゥン市へ行って、エカジャティ先生の指導を受け、文献を調べ、四半期報告書を提出しなければならなかった。

日本で在日スンダ人からスンダ語を学んできたが、まだまだ片言レベルである。とにかくじっくりと村の日常生活を体験し、生のスンダ語に触れたかった。一年間の調査なら、最初の一〇か月は言葉を学び、人間関係を広げ、ラポールを築き、参与観察をせよ。インタビューなどの本格的な調査をするのは最後の一〜二か月でいいと。**吉田集而《しゅうじ》**先生からは、調査を焦るなという指示をいただいていた。

A村では、アアス夫人のご母堂が住む邸宅の一室に間借りした。親族や隣人の台所や田畑で調理や農作業を手伝わせてもらう。観察し、質問し、真似をする。食材の名前を覚え、栽培の実態や調理法を知る。調理器具の名を覚え、サイズを測り、数を数え、写真を撮り、絵を描く。日本のことを聞かれれば拙いスンダ語で説明をし、逆にスンダのことを教えてもらう。中学校の先生にスンダ語の個人授業をしていただき、近くの大学の授業にもお邪魔した。

約一年後、調査期間を一年間延長するとともに、調査村を変えてバンドゥン郡のB村へ移動した。スンダ文化センター所長（当時）のナノ先生のご紹介で、アキス氏のお宅に住みこむことになった。アキス氏は、祖霊崇拝と緊密な関係をもつ伝統芸能の保持者であり、アキス夫人は出産や乳幼児の儀礼をつかさどる産婆であった（写真5）。A村では遠く感じた祖霊崇拝の世界が、急に身近で生き生きと日常に息づいたものになった。週に二日の定例の儀礼や祝宴の開催にあたって、食糧庫の祖霊の座に供える供え物（写真6）、お祓

吉田集而
一九四三―二〇〇四。文化人類学者。元国立民族学博物館教授。著書に『不死身のナイティ　ニューギニア・イワム族の戦いと食人』（平凡社）など。入学直後の指導で「きみの研究は博論になるかどうかはわからんが、本は書こうな！」といわれた。先生はわたしの在学中に病に倒れ、闘病の末にお亡くなりになった。わたしは博論提出後、一般向けに『世界の食文化6　インドネシア』（農山漁村文化協会）という本を書いた。ああ、これが吉田先生と約束した本だったなあとしみじみ感じた。

いや伝統芸能の上演の際に祖霊に捧げるとりどりのご馳走。祖霊崇拝は、アキス氏宅だけでなく隣人たちの家でもごく当たり前に実践されていた。

それはA村とB村の違いというよりも、人脈の違いだったように思う。調査者は滞在先の家族の疑似的な成員になる。A村の「お母さん」は貴族の末裔で、メッカ大巡礼をすませ、周囲からイブ＝ハジ（大巡礼をすませた女性の尊称）と呼ばれる存在だった。彼女の「娘」になったわたしに、祖霊崇拝の実践を積極的に示してくれる人はいなかった。近所の老女が稲刈りまえの儀礼に行くのをたまたま見かけ、ついていって見せてもらったり、建築現場で思わぬ事故が起こったときにお祓いの儀礼を見かけたりした程度で、あとは噂話や昔話として聞くばかりである。

B村でも、モスク関係者や村役場の要職者とつきあっている限り、祖霊崇拝など影も形

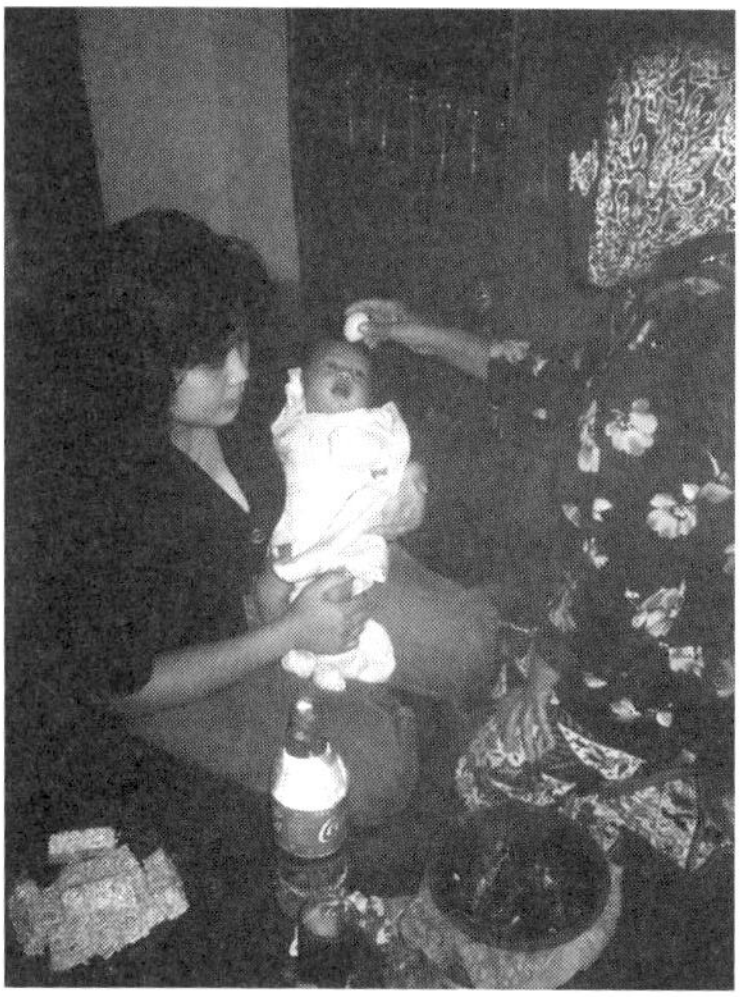

写真５　乳児の儀礼を執りおこなうアキス夫人

写真６　祖霊の座とされる米の甕の前に供えられた供え物の数々

ラポール
信頼しあい、なごやかで心の通いあった状態。あらかじめインフォーマント（情報提供者）とラポールを築くことで、より深い内容の聞きとりができる。

参与観察
研究対象とする社会の（疑似的な）メンバーとなって、その活動に一員として参与しながら観察をすること。文化人類学における主要な調査手法のひとつ。

も見えなかった。しかし、祖霊崇拝を継続している人びとにとってアキス夫妻は長老的な立場にあり、その「娘」であるわたしは、割礼・婚礼・出産等の人生儀礼、悪霊や祖霊による憑依や災害のお祓い、伝統芸能の上演、あらゆる場面における祖霊崇拝の実践に自由に立ち会うことができた。わたしの前でためらいもなく実践していた儀礼を、祖霊崇拝を批判している村人がくるとわかると、とりやめることもあった。どのような立場で、どの家に滞在し、だれから紹介を受けるのか、それによって見えるものが違ってくるということを実感した。

長期調査の終了後、吉田先生の病気のため、主任指導教官が言語学者の庄司博史先生にかわった。フィールドワークで得たデータをどう分析し、論文にまとめるか、迷走していたが、庄司先生のご指導で、博士論文は言語学的な手法を中心にまとめることになった。食材のカテゴリー化、献立の立て方と料理の分類法、食事の機会の分類とその時間、「食べる」ということと「飲む」ということとの違い、味わいやテクスチャーの表現と味に対する評価、日常的な共食の機会を表す調理動詞といったさまざまなカテゴリー化と意味の問題をあつかった。このとき、副指導の田村克己《かつみ》先生から調査についていただいた助言をひとつひいておきたい。

論文を書きはじめると、往々にしてデータが不足していることがわかる。補足調査をおこなうと、その部分のデータが厚くなり、論文自体が膨らんでしまう。そして補足調査対象外の部分の不足が気になり、また別の補足調査をしたくなる。このくり返しになっては、永遠に論文はまとまらない。少々のデータ不足は工夫で補い、書きたい論文の枠を少し縮めて、とにかく最後まで書きあげたほうがよい（図2）。この助言はいまも何度もかみし

庄司博史
一九四九年生まれ。言語学者。国立民族学博物館名誉教授。社会言語学。北欧・バルト地域の言語や日本の多民族化・多言語化の実態について研究をおこなっている。

田村克己
一九四九年生まれ。文化人類学者。国立民族学博物館名誉教授。ビルマ（現ミャンマー）をはじめ大陸部東南アジアを中心に研究をおこなっている。

めている。

5 「当たり前」の違い

最後にフィールドで考えさせられたエピソードで締めくくりたい。補足調査のため久しぶりに村を訪れたときのことである。留守中に日本人の若者が村を訪れていたという噂を聞いた。話をしてくれた人は、その子はどうもエゴイスティックだったと口を濁す。くわしく聞きだしてみると、彼は食事の際に人数分に足りない塩干魚をまるごと一匹自分の取り皿にとったあげく、食べきれず残してしまったらしい。なんだそんなことかと思うと同時に、若者と彼を迎えた村人の心中を察し、せつない思いになった。おそらく若者は、数が足りないことには気づいただろうが、来客としてほかの人よりも先に魚をとるように強く勧められたのだろう。大皿に複数の小魚が並んでいれば、日本人なら一匹まる

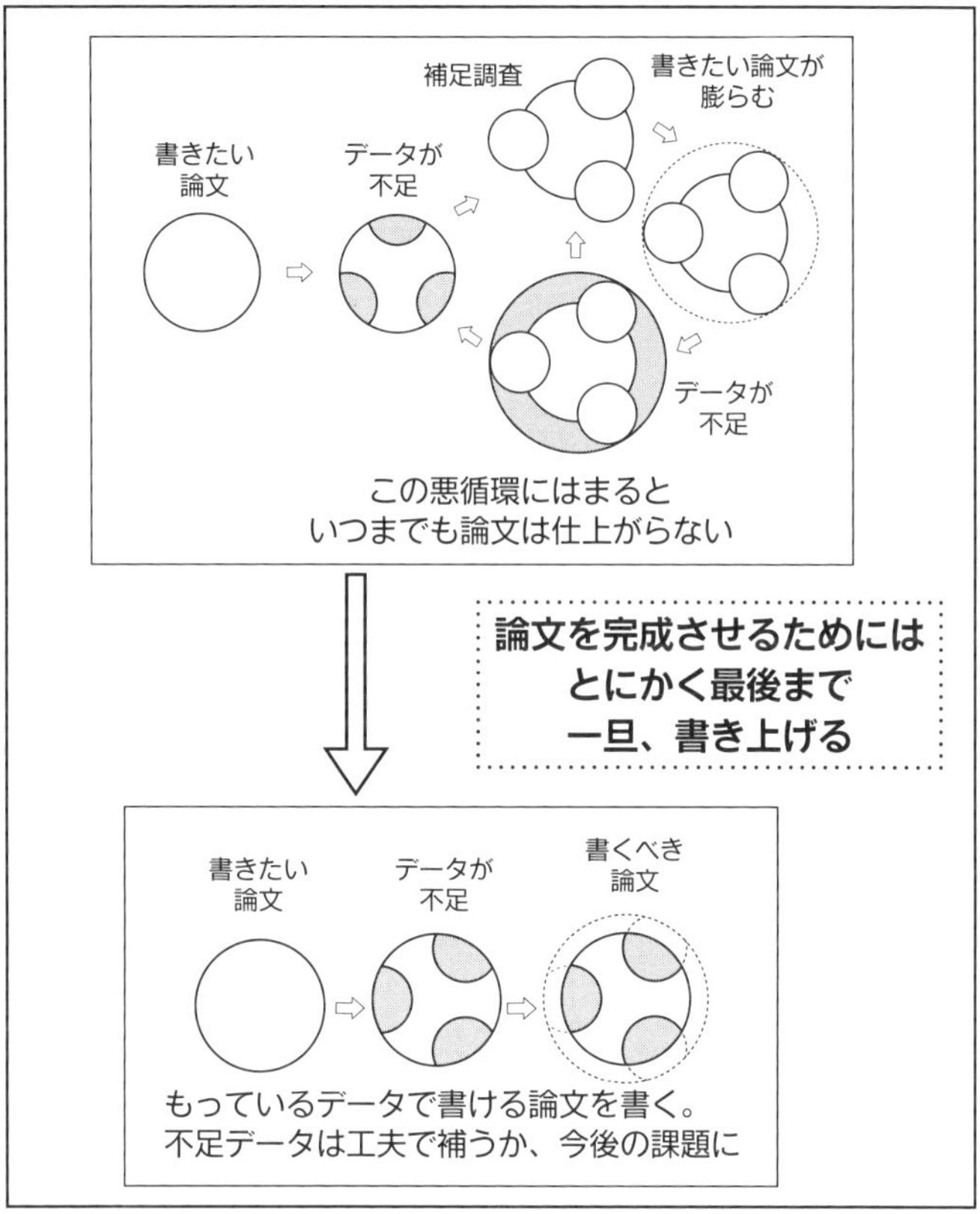
書きたい論文
データが不足
補足調査
書きたい論文が膨らむ
データが不足
この悪循環にはまると
いつまでも論文は仕上がらない
論文を完成させるためには
とにかく最後まで
一旦、書き上げる
書きたい論文
データが不足
書くべき論文
もっているデータで書ける論文を書く。
不足データは工夫で補うか、今後の課題に

図2 論文を完成させるための考え方

ごととるか、まったくとらないかの二択である。しかし、インドネシアの塩干魚は一般的に非常に塩分が高く、小さな一切れでも山盛りのご飯を食べることができる（写真7）。この村の作法では、やわらかい塩干魚なら食べられる分だけ身をちぎりとるのが当たり前なのだ。村人からすれば、そんなことは自明で、説明するまでもない。同席者の分も考えずまるごとの魚をとり、しかも残してしまったとあっては、自己中心的と感じてもしかたがない。しかし日本人から見れば、大皿にのった小魚の身を手でちぎりとるなど不作法極まりない。互いの「当たり前」の違いが生んだ誤解だった。

写真７　揚げた塩干魚の一種

わたし自身も、思いこみからの誤解を数知れないほどしてきたし、おそらく無意識のうちにこの若者のような誤解を生む行動をしてきたことだろう。異文化のなかのフィールドワークは失敗と誤解の連続である。それでもあきらめずに少しずつ学び、観察し、考えつづけることから異文化理解がすすんでいくのではないだろうか。

〈参考文献〉
阿良田麻里子編『文化を食べる、文化を飲む　グローカル化する世界の食とビジネス』ドメス出版　二〇一七年
阿良田麻里子ほか「特集　宗教的タブーとおもてなし」『季刊 vesta』一〇五号：0-51　二〇一七年

阿良田麻里子『食のハラール入門　今日からできるムスリム対応』講談社サイエンティフィク　二〇一八年

阿良田麻里子（あらた・まりこ）

インドネシアの食文化をおもに研究する文化人類学者・言語人類学者。初めてのフィールドワーク（?-）は、一九九一年、ヌサンタラ・スタディ・クラブの福家《ふけ》洋介さんご夫妻に同行させてもらったインドネシア・ビンタン島への旅。自分が調査をしたわけではないが、福家さんがマングローブ炭を追って窯や積出港を訪れ、現地の人と話して得た情報を次の行動へとつなげていくようすを間近に見たことが、フィールドワーカーへの第一歩につながった。

福家洋介
一九五一年生まれ。大東文化大学准教授。

＊　＊　＊

■わたしの研究に衝撃をあたえた一冊『認知意味論　言語から見た人間の心』

人間の思考、知覚、行動、言語活動の基本となるものとしてカテゴリー化の重要性を説き、古典理論では説明しきれない多様なカテゴリーとこれを支える原理を明らかにした認知言語学の記念碑的な一冊。多くの言語の実例から、他言語の話者には奇妙に見えるカテゴリーのあり方を解きほぐしていくさまは、目からうろこが落ちるようで、長期調査を終えて、食と言語にまつわる雑多なデータをどう博論にまとめるか苦しんでいたときに光をあたえてくれた。

ジョージ・レイコフ著
池上嘉彦・河上誓作ほか訳
紀伊國屋書店
一九九三年

インカの末裔たちは何を食べているのか

――山本紀夫

インカの末裔たちはいま

インカとは、一五世紀から一六世紀にかけてアンデスのほぼ全域を領土としたインカ帝国のことである。インカ帝国は、十六世紀にスペイン人たちの侵略によって、あっけなく滅亡させせられたが、その末裔たち、すなわち子孫たちはいまもペルー・アンデスの高地で暮らしている。そんな彼らにわたしが初めて関心をもったのは、いまから半世紀ちかくもまえの一九六八年のこと、わたしはまだ大学の学部学生であった。当時、わたしは京都大学の調査隊に参加してペルーやボリビアなどのアンデス地帯を車で駆けまわり、ジャガイモやタバコなどの栽培植物の起源に関する調査に従事していた。その道中で出会った先住民は、インカの末裔たちにしては、わたしの予想に反して、みんな貧しそうであった。また、労働も厳しそうであった。富士山の頂上よりも高い標高四〇〇〇メートル前後の高地で雨にうたれながら鍬をふるい、鋤で畑を耕す人たちが少なくなかった。さらに、雪が舞い散る高原にうずくまり、寒さに耐えながら家畜番をする子どもたちもあちこちで目にした。

こんなインカの末裔たちの姿を目にしたわたしは、「いったい、彼らはどのような暮ら

インカ帝国
一五世紀なかばより一六世紀の前半にかけてペルーを中心とするアンデス一帯に栄えた帝国。人口、約一〇〇〇万を擁したとされる。現在もインカ帝国をしのばせるものがペルー・アンデスには少なくない。その代表的なものが、インカ時代に築かれた建物の石組みである。整形された石を「カミソリの刃一枚入らない」といわれるほどぴったり積み重ねてある。「空中都市」と呼ばれるマチュピチュ遺跡ではそのような建物をたくさん見ることができる。

しをしているのだろうか」と疑問に思った。しかし、当時、こんな疑問に答えてくれる本も人もなかった。その後もわたしはアンデスに通いつづけていたが、やがてそれまでの専門であった農学から民族学に転向することにした。どうしても、インカの末裔たちの暮らしを知りたいという思いを消し去ることができなかったからだ。こうして、わたしは農学で学位を取得した直後の一九七八年一〇月、ペルー・アンデスの山中にある農村に住みついた。それから何度かの中断をはさみながらではあったが、結局通算で二年間ほど、一般にインディオの名前で知られる先住民の人たちと暮らしをともにした。

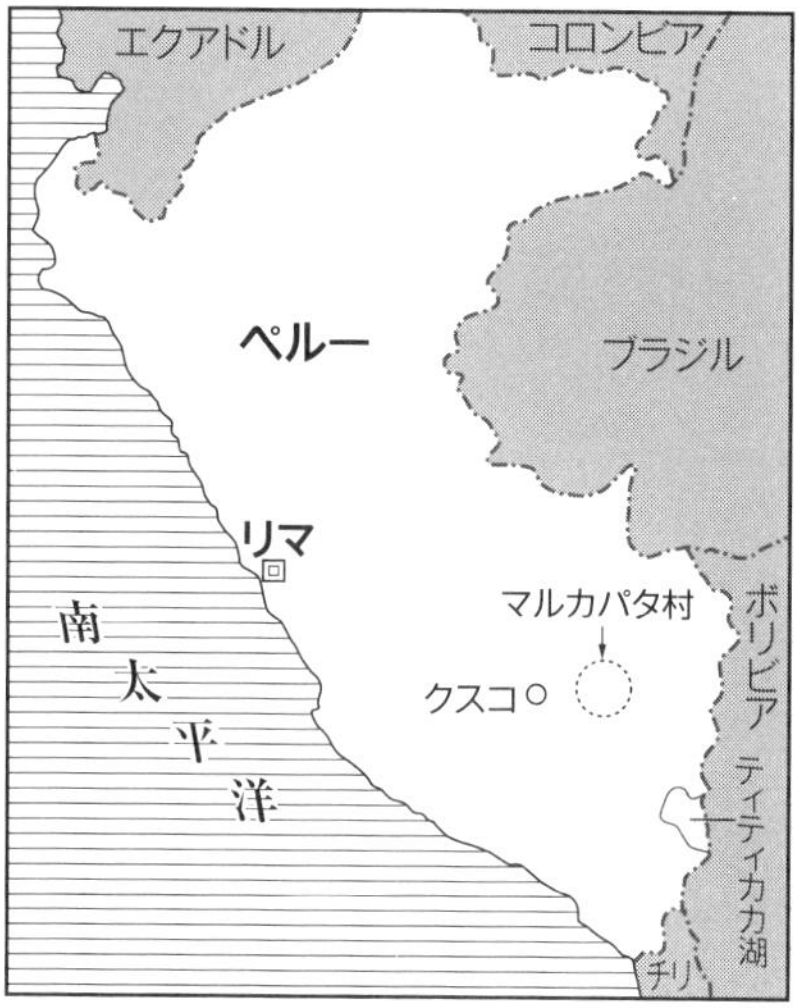

図1　マルカパタ村の位置

インカの末裔たちと暮らす

わたしが暮らした村は、ペルー、クスコ地方のマルカパタ村である。クスコは、いうまでもなく、かつてインカ帝国の中心地であったところだ。このクスコの町からアンデスの山波を越えて東の方向に車で約一日走ったところにマルカパタ村はある（図1）。ただし、

クスコ
ペルー・アンデスの山波に囲まれた都市。標高約三四〇〇メートルの高地に位置し、人口は約三五万人、インカ時代も約二〇万の人口を擁した。

一日で行けるのは運のよいときだけ。舗装されていない山道なので、雨が降ったりすると、ひどい悪路になり、二、三日かかることも珍しくない。

この村の領域の大半はアンデスの東斜面に位置しており、面積は大阪府と同じくらいの約一七〇〇平方キロメートルもある。それよりももっと驚くことがある。それは、村のもっとも低いところは標高一〇〇〇メートルほどしかないのに、もっとも高いところは標高五〇〇〇メートルもあることだ。そのため、ひとつの村のなかに、熱帯雨林や雲霧林、高山草地、さらに氷雪地帯など、さまざまな環境が見られるのである。

ただし、この村の領域の低いところに人はほとんど住んでいない。そこに住んでいるのは、近年都市部から移住してきた少数の入植者たちだけである。標高三〇〇〇メートルあたりにマルカパタ村としては大きな町があり、そこの住民はすべてをあわせても二〇〇〇～三〇〇〇人くらいで、彼らはミスティと呼ばれるメスティーソ（先住民とスペイン人とのあいだに生まれた子）だ。メスティーソは、衣服も生活も一般のペルー人とかわらず、言葉も主としてスペイン語を話すが、ケチュア語も話す。残りの人たちのほとんどが標高四〇〇〇メートル前後の高地に住む。彼らこそが、一般にインディオと呼ばれる先住民なのである（写真1）。

写真1　インディオと呼ばれる先住民の家族とその家

ペルー・アンデスのインディオたちは、インカの末裔と呼ばれるようにいまもインカ時代以来の伝統をよく受け継いだ暮らしを送っている。たとえば、彼らの大半がインカ帝国の公用語であったケチュア語を話している。彼らの暮らしのなかでも、その農耕文化や食文化は、とくにインカ時代そのままといえるほどに伝統的なものなのだ。ここでは、食文化に焦点をあてて彼らの暮らしを述べておくことにしよう。

イモづくしの食卓

食事について述べるまえに、彼らの生業についても簡単に述べておこう。それというのも、彼らが食べるものは、家族ごとに自分たちで栽培している作物や飼育している家畜だからである。主作物はジャガイモとトウモロコシ、おもな家畜はラクダ科動物のリャマとアルパカである。つまり、彼らの暮らしは基本的に自給自足なのである。したがって、インディオたちが暮らす高地には店が一軒もない。少なくとも食料に関しては買うものがほとんどないからだ。

ついでに彼らの家の構造についても紹介しておこう。彼らの家は小さくて、しかも一間きりなので、そこは台所にも食事の場にもなり、ダイニング・キッチンのような感じである（写真2）。家の床は土間であり、畳を一〇枚も敷けば、いっぱいになるほどの広さだ。その土間の片隅にかまどがあるが、わら葺きの屋根に煙突はない。標高四〇〇〇メートル前後の高地は夜になると急激に気温が下がり寒いので、家は熱を逃がさない構造になっている。そのため、煙

写真2　インディオの家の内部

は屋根のすきまからしか出るところがなく、窓もなく、かまどを使っているときは煙が部屋中に充満してたいへんだ。ちなみに、このかまどを使うのは朝と夜だけである。昼間は畑仕事や家畜番のために屋外で食事をとるのがふつうだからである。

写真3　主食になるワイコ（ジャガイモを蒸したもの）

こんなインディオの家にわたしは居候生活をさせてもらった。ただし、先住民の社会は閉鎖的なので、いっきに彼らの家に住みこませてもらったわけではなかった。先述したメスティーソの村で約一年間待機し、ケチュア語を学ぶとともに、先住民の人たちと親しい関係を築くように努力した。そして、彼らの農業や全生活を観察した。彼らの暮らしには、驚くことが少なくなかった。なかでも彼らの食事を見ていてたいへん驚いたことがある。それは、朝も、昼も、夜も大量にジャガイモを食べることであった。わたしはアンデス高地の先住民の主食はトウモロコシだと思っていたが、そのトウモロコシはときどきしか姿を見せないのだ。

ある日の一日の食事を見てみよう。朝食は土鍋で蒸したジャガイモ（これをワイコという）、そしてジャガイモや乾燥ジャガイモ（チューニョ）を主にしたスープが食事の中心だ。屋外でとることの多い昼食もやはりワイコを塩につけて食べる（写真3）。さらに、夜も

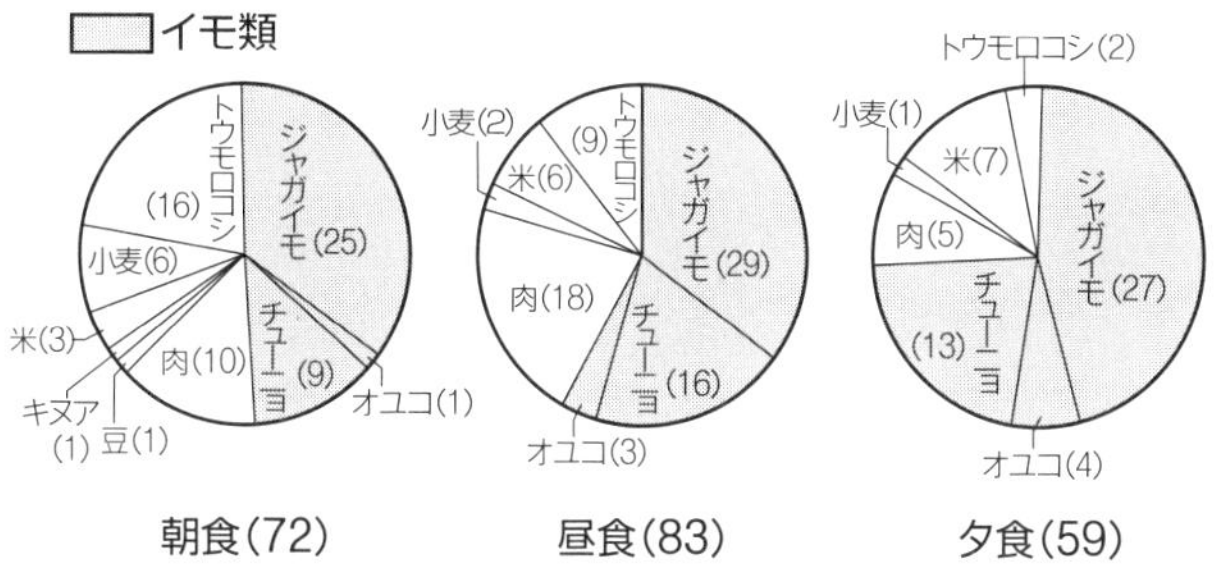

図２　マルカパタ村の食事の主材料

ワイコにジャガイモや肉の入ったスープと、つねにジャガイモが登場するのである。

もちろん、彼らもジャガイモだけを食べているわけではない。ときに、ワイコのなかにオカやイサーニョ（マシュア）と呼ばれる作物が混じっていることもある。しかし、これらもやはりイモ類なのである。ちなみに、オカはカタバミ科、イサーニョはノウゼンハレン科の作物であるが、どちらもイモを利用する点はジャガイモとかわらない。こうして、彼らの食卓は「イモづくし」といっても過言ではないほどなのだ。

先述したように、トウモロコシも食卓にまったく姿を見せないわけではない。朝食のときなど、食事のかたわらで娘さんたちがトウモロコシの粒を「パチッ、パチッ」と音をたてながら炒っていることがある。これはトウモロコシを炒って（これをカンチャという）、乾燥ジャガイモのチューニョなどとともに昼食用にするためなのである。夕食などではトウモロコシの粒を石臼でつぶし、肉などと一緒に煮こんでスープにすることもある（これをラワという）。それでも、全体としてみればジャガイモなどのイモ類にくらべてトウモロコシが食卓に出てくる頻度は低いし、とくに量的にはくらべものにならないほどトウモロコシの影はうすいのである（図２）。

イモづくし
ちなみに、ペルーのマルカパタ村だけでも約一〇〇種類のジャガイモを栽培していた。

生きつづけるインカの伝統

食卓にトウモロコシがほとんど姿をあらわさないからといって、彼らがトウモロコシを栽培していないわけではない。彼らはジャガイモなどのイモ類だけではなく、トウモロコシも主作物のひとつとして栽培している。トウモロコシは温暖な気候に適した作物で、彼らが暮らす寒冷な高地では栽培できない。そこで、彼らは標高三〇〇〇メートル以下の、彼らにすれば低い土地でトウモロコシを栽培している。そのため、彼らはしばしば山を下ってトウモロコシ畑に出かける。そのトウモロコシ畑には各世帯が小さな出作り小屋をもっており、播種や収穫などの忙しいときは、そこに一週間から一〇日間ほど移り住んで農作業にあたる。そして、収穫の作業が終わると、収穫したトウモロコシをリャマなどの背に積んで家に持ち帰るのである（図3、写真4）。

　彼らはなんのためにトウモロコシを栽培しているのであろうか。彼らと暮らしをともにし、食卓にほとんどトウモロコシが姿を見せないことを知って、それがわたしには強い疑問に思えてきた。日本で読んだ本などでは、どの本にもアンデス文明はトウモロコシ農耕を基盤にして生まれ、先住民もトウモロコシ

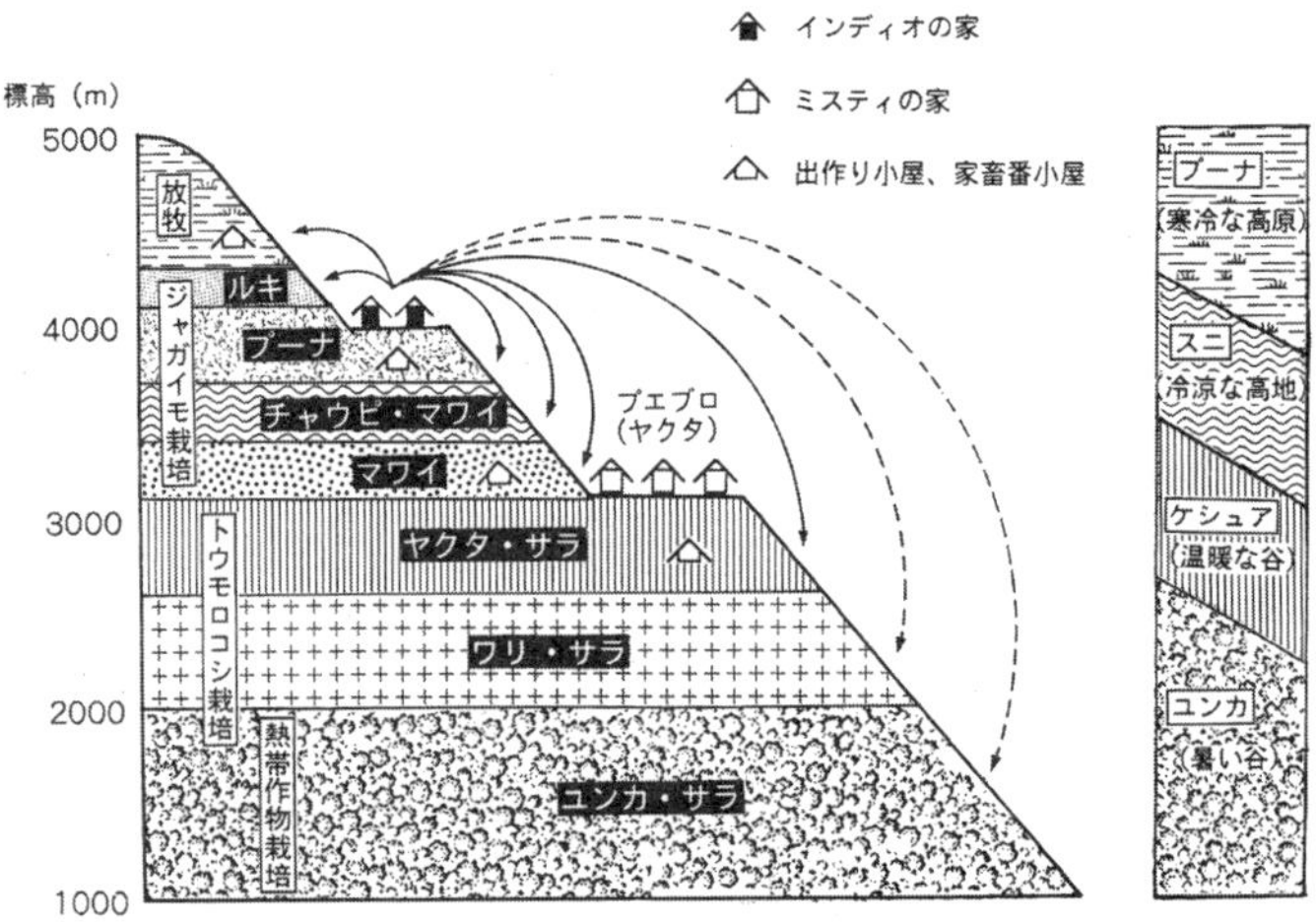

図3　マルカパタ村の高度差を利用した耕作。右端はアンデスにおける一般的な環境区分

を主食にしていると書いてあったからだ。たしかに、マルカパタ村でもインディオたちは収穫のとき、トウモロコシをよく食べる。このときとばかりに、朝も昼も夜も、そして間食にもトウモロコシを茹でて食べる（これをモテという）。しかし、それは出作り小屋に滞在している一週間から一〇日間ほどだけのことでしかなく、大半のトウモロコシは家に持ち帰って保存しておくのである。

　トウモロコシの栽培の目的については、祭りがあったとき、ようやく明らかになった。じつは、トウモロコシは、食料としてよりも、主としてチチャと呼ばれる酒の材料になる

写真４　収穫したトウモロコシをリャマの背に積んで持ち帰る

写真５　祭りでふるまわれるチチャ酒（甕の中に入っている）

のであった。しかも、祭りのとき、チチャ酒は大量に参加者にふるまわれる（前ページ写真5）。そのせいで、トウモロコシは食卓にほとんど姿をあらわさないのであった。

チチャ酒は、インカ時代も祭りや儀礼、祖先祭祀のときなどに欠かせないものであったことが知られ、当時は、トウモロコシの穀粒を女性が噛んで吐きだし、唾液で発酵させていたことが知られている。五〇〇年ちかくたった現在では、この方法はほとんどおこなわれていないが、トウモロコシを発芽させ、そのモヤシを煮てから発酵させてチチャ酒をつくっている。とにかく、いまもトウモロコシは祭りや儀礼に欠かせないチチャ酒の材料として重要な役割を果たしているのである。

じつは、トウモロコシを主として酒の材料として利用し、主食はジャガイモという食生活のパターンはアンデス高地におけるインカ以来の伝統らしい。実際に、インカ帝国を征服したスペイン人たちは各地でトウモロコシがチチャ酒として利用され、食事の中心はジャガイモであることを報告しているのだ。インカ帝国が征服されてから五〇〇年ちかくたっているが、インカ以来の伝統はインカの末裔たちの食事のなかにしっかりと生きつづけているのである。

しかし、ここで述べるような伝統的な暮らしは、近年、急速に消えつつある。アンデスの奥地まで自動車道路が整備され、都市部の影響が地方にまで浸透したからである。わたしは、どのような変化をも見守りつづけたいと願っている。

〈参考文献〉
山本紀夫『インカの末裔たち』NHKブックス　一九九二年
山本紀夫『雲の上で暮らす　アンデス・ヒマラヤ高地民族の世界』ナカニシヤ出版　二〇〇六年
山本紀夫編著『世界の食文化13　中南米』農山漁村文化協会　二〇〇七年

山本紀夫（やまもと・のりお）

わたしの初めてのフィールドワークは、一九六八年から六九年にかけての中央アンデス（ペルーおよびボリビア）における栽培植物の起源に関する調査であった。当時、わたしは農学部の学生であったが、アンデスで接した先住民の人たちに大きな関心が生まれ、それがきっかけとなってのちに農学から民族学（文化人類学）へと転身をはかることになった。現在、国立民族学博物館名誉教授。著書に『トウガラシの世界史　辛くて熱い「食卓革命」』『ジャガイモとインカ帝国』など。

＊　＊　＊

■わたしの研究に衝撃をあたえた一冊『栽培植物と農耕の起源』

わたしの学生時代、海外に出かけることはきわめて困難であった。持ち出し外貨が五〇〇ドルの制限があり、それを突破するためには学術調査しかなかった。そこで、アンデスに行きたいと思ったわたしは、京大探検部でアンデスにおける栽培植物の学術調査を考え、一九六八年に学術調査隊を組織した。この調査の計画に多大なヒントをあたえてくれたのが本書であった。とくに、農業が文化であるという考え方は、初めて同書から学んだのであった。

中尾佐助著
岩波新書
一九六六年

あとがき

赤坂憲雄

人は料理をする動物である、という石毛直道さんのテーゼはまったく鮮やかである。対談の終わり近くになって、わたしはいくらか唐突なかたちで、食べること／交わることをめぐるテーマに言及している。その後、それは『性食考』（岩波書店）へと展開することになったのだが、その執筆のなかでは、人は料理をする動物である、という石毛テーゼをくり返し思い返さずにはいられなかった。料理こそが、火を獲得した人間が野生状態を脱してゆくときに、決定的な条件になったのである。

それはだから、世界中のさまざまな神話や昔話のなかに、また絵本や漫画やアニメのなかに、ほとんどは無意識の仕掛けとして登場してくる。『ぐりとぐら』という絵本のなかで、野ネズミのぐりとぐらが、「このよで　いちばん　すきなのは　おりょうりすること　たべること」と愉しげに語っているのは、むろん偶然ではない。生のもの（だけ）を食べることから、火を使い料理をして食べることへ。子どもは料理すること、食べること、その結果としてウンチをすることが、こよなく好きだ。子どもは、人が料理をする動物であることを、その神秘を大人よりも知っているのではないか。

とはいえ、そうしたことが明らかに認識されているかといえば、いささか心もとない。そもそも食べることが文化であることすら、けっして自明ではない。その発見のためには、おそらく異文化との遭遇が欠かせない条件であったはずだ。食べることはあまりに生きること、暮らすことに密着しすぎていて、それとして対象化すること自体がむずかしい。たとえば、故郷から遠い土地へと赴いた旅人は、みずからの知らぬ異文化としての食に出会うことによって、あらためて懐かしくみずからの食文化を知ることになる。旅の語源はたしかに、食べることをめぐる異文化との遭遇に根差している。

だから、食文化の研究はフィールドワークと無縁ではありえない。これぱかりは書物や図書館で調査研究が完結することはありえない。キッチンというフィールドを覗きこむ。屋台の食べ歩きにいそしむ。その土地で、その民族の人びとが日常的に食べているものを、ひたすら食べる。それゆえに、居候こそが最適の方法となる。そうして、生活文化の総体のなかで、食べることをめぐる文化を解き明かすための端緒が得られる。食材は何か。いかなる調理法が選ばれているか。食べ方の作法はどうか。食べることを起点にして、人間とは何か、という問いへのアプローチが深く、広く展開してゆく。それにしても、スグレモノの食文化のフィールドワーカーたちが、身体を壊すまでに酷使して食べまくる人たちであることを知るとき、食そのものが壮絶なる喜劇の舞台のようにも感じられてくる。

先日、台湾を訪ねたおりに、仲間たちと台北の夜市をそぞろ歩き、屋台を次から次へとハシゴしながら、満腹をとおり越して食べまくる快感にどっぷり浸った。これぱかりは一人ではできない。食の基本は共に食べること、共食である。この共食が人と人とを繋いでくれる。そして、夜の屋台からは、台湾の食をめぐる多文化的な状況がくっきりと浮かびあがる。台湾では、外食する機会が多くなり、料理をする女性が減っていると聞いた。石毛さんのような男たちが増えたほうが、きっと世の中はるかにおもしろくなるにちがいない。

■編者紹介

石毛直道（いしげ・なおみち）

民族学者。京都大学で考古学を専攻する学生であったが、探検部員として一九六〇年にトンガ王国、一九六三―六四年にはニューギニア中央高地のフィールドワークに従事するうちに、民族学の研究者になった。民族学のさまざまな分野での論考を発表しているが、食いしん坊のことゆえ、食文化に関する仕事がいちばん多い。異文化の食べ物について知るためには、現地を訪れて舌と胃袋で体験することがたいせつである、というのがわたしの食文化研究の信条である。

■わたしの研究に衝撃をあたえた一冊『すしの本』

著者の現地調査の記録である八〇冊あまりのフィールドノートと一万七〇〇〇通のアンケートと古文献をもとに、日本のすしの歴史と現状を論じている。また、漢籍についての博識から中国の馴れずしの歴史を語り、生化学の視点から馴れずしと生成ずしの発酵について教えてくれる、すし研究の基本文献である。しかし海外調査が困難な時期に執筆されたので、東南アジアの馴れずしが、この本には記載されていない。それを調査することが、わたしの仕事となった。

篠田統著
岩波現代文庫
二〇〇二年（柴田書店、一九六六年）

＊　＊

赤坂憲雄（あかさか・のりお）

わたしはとても中途半端なフィールドワーカーだ。そもそも、どこで訓練を受けたわけでもない。学生のころから、小さな旅はくりかえしていたが、調査といったものとは無縁であった。三十代のなかば、柳田國男論の連載のために、柳田にゆかりの深い土地を訪ねる旅をはじめた。それから数年後に、東京から東北へと拠点を移し、聞き書きのための野辺歩きへと踏み出すことになった。おじいちゃん・おばあちゃんの人生を分けてもらう旅であったか、と思う。

■わたしの研究に衝撃をあたえた一冊『忘れられた日本人』

一冊だけあげるのは不可能だが、無理にであれば、宮本常一の『忘れられた日本人』だろうか。宮本の〈あるく・みる・きく〉ための旅は独特なもので、真似などできるはずもなく、ただ憧れとコンプレックスをいだくばかりだった。民俗学のフィールドは、いわば消滅とひきかえに発見されたようなものであり、民俗の研究者たちはどこかで、みずからが生まれてくるのが遅かったことを呪わしく感じている。民俗学はつねに黄昏を生きてきたのかもしれない。

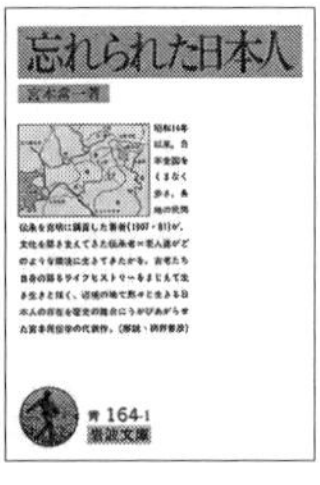

宮本常一著
岩波文庫
一九八四年（未來社、一九六〇年）

フィールド科学《かがく》の入口《いりぐち》

食《しょく》の文化《ぶんか》を探《さぐ》る

2018年2月25日　初版第1刷発行

編　者———石毛直道　赤坂憲雄

発行者———小原芳明

発行所———玉川大学出版部

〒194-8610　東京都町田市玉川学園6-1-1
TEL 042-739-8935　FAX 042-739-8940
http://www.tamagawa.jp/up/
振替：00180-7-26665
編集　森　貴志

印刷・製本——モリモト印刷株式会社

ISBN978-4-472-18206-8　C0039 / NDC383

装画：菅沼満子／装丁：オーノリュウスケ（Factory701）
協力：中山義幸（Studio GICO）

編集・製作：株式会社 本作り空Sola　http://sola.mon.macserver.jp

フィールド科学の入口

赤坂憲雄ほか編　全10巻

フィールドから見える「知の新しい地平」とは？
フィールドワークから生き生きとした科学の姿を伝える

暮らしの伝承知を探る

野本寛一・赤坂憲雄 編

【Ⅰ部 対談】
野本寛一・赤坂憲雄
「無手勝流フィールドワーク」

【Ⅱ部】
小川直之「神樹見聞録　フィールドワークから見えてくること」
川島秀一「オカボラ奮闘記　沿岸をあるく喜び」

【Ⅲ部】
柴田昌平
「映像によるフィールドワークの魅力　『クニ子おばばと不思議の森』を手がかりに」
北尾浩一「暮らしから生まれた星の伝承知」
宮本八惠子
「モノを知り、人を追い、暮らしを探る」
山﨑彩香「在来作物とフィールドワーク」
鈴木正崇
「南インド・ケーララ州の祭祀演劇　クーリヤーッタム」

自然景観の成り立ちを探る

小泉武栄・赤坂憲雄 編

【Ⅰ部 対談】
小泉武栄・赤坂憲雄
「『ジオエコロジー』の目で見る」

【Ⅱ部】
岩田修二
「中国、天山山脈ウルプト氷河での氷河地形調査」
平川一臣
「津波堆積物を、歩いて、観て、考える」

【Ⅲ部】
清水善和「小笠原の外来種をめぐる取り組み」
松田磐余「地震時の揺れやすさを解析する」
山室真澄
「自然はわたしの実験室　宍道湖淡水化と『ヤマトシジミ』」
清水長正「風穴をさぐる」
菅　浩伸「サンゴ礁景観の成り立ちを探る」

イネの歴史を探る

佐藤洋一郎・赤坂憲雄 編

【Ⅰ部 対談】
佐藤洋一郎・赤坂憲雄「野生イネとの邂逅」

【Ⅱ部】
石川隆二
「国境を越えて　イネをめぐるフィールド研究」
佐藤雅志「栽培イネと稲作文化」

【Ⅲ部】
宇田津徹朗
「イネの細胞の化石（プラント・オパール）から水田稲作の歴史を探る」
山口　聰
「『中尾』流フィールドワーク虎の巻」
ドリアン・Q・フラー
「植物考古学からみた栽培イネの起源」
田中克典
「イネ種子の形状とＤＮＡの分析　その取り組みと問題点」

玉川大学出版部の本

季節の民俗誌

野本寛一

年中行事の体系に入りにくかった季節にかかわる人びとのいとなみに光をあてる。雪国の「自然暦」や「多雪予測の兆象伝承」など、「もうひとつの歳時記」。平成27年文化功労者顕彰。環境民俗学の礎を担う。

四六判・上製　468頁　本体4800円

ぼくの世界博物誌

人間の文化・動物たちの文化

日高敏隆

生きものそれぞれに文化があり、生きるための戦略がある。動物行動学者が世界各地を巡り、出会った不思議や心動かされた暮らしの風景を、ナチュラル・ヒストリーの視点から綴る。

四六判・並製　232頁　本体1400円

ニホンミツバチの社会をさぐる

吉田忠晴

原種の性質を多く残すニホンミツバチの興味深い特徴を、多数の写真とともにわかりやすく語る。生態から飼育法、生産物、農作物栽培への応用まで、ニホンミツバチの世界への入門書。

四六判・並製　144頁　本体1500円

ニホンミツバチの飼育法と生態

吉田忠晴

ニホンミツバチを趣味として飼う愛好家必携。年間を通じた管理方法や、可動巣枠式巣箱であるAY巣箱を使った飼育で明らかになった形態・生理、行動・生態をくわしく解説する。

A5判・並製　136頁　本体2000円

＊表示価格は税別です